特攻花

マンガで読む 特攻兵物語

特攻花 目次

特攻花《とっこうばな》とは——

特攻出撃する若い隊員達に
少女達は野の花（天人菊《てんにんぎく》）を
贈りましたが
花も一緒に散るのは忍びないと
隊員達はそっと滑走路に置いて
飛び立って往きました
その花の種が毎年美しい花を咲かせ
いつしか特攻花と呼ばれるように
なりました

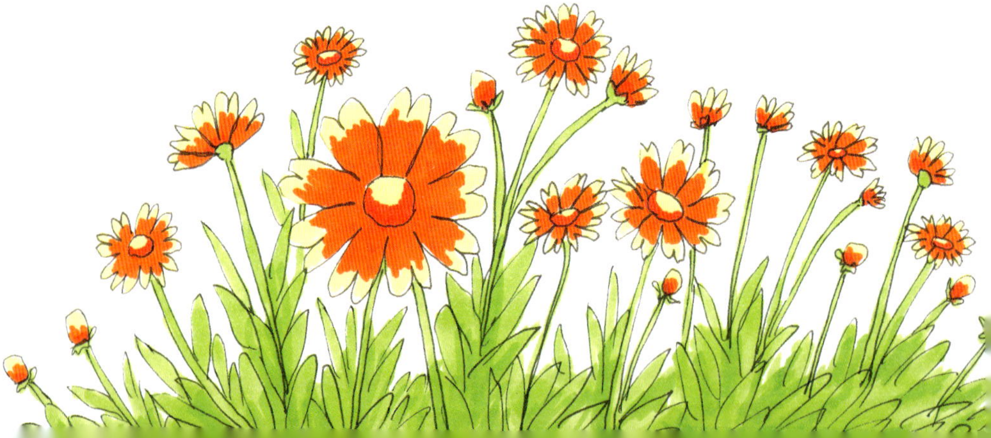

第一話　蒼空めいっぱい

昭和15年初夏──
ピピッ
ピーッ
カラン
コロン
スル
スル

スル
スル
ふうっ
足立《あだち》克子《かつこ》10歳——
カラン
コロン
目原《めばる》安彦《やすひこ》15歳——
ピタッ
おまえ そげなところで なんばしよっとね？

空ば見よると
ほおっ！
空ば見よると気持ちよかよね！
あんちゃんも空ば好いとっとね！
うんっほんなごと好いと！
どげんくらい好いとうと？
おいは必ず飛行気乗りになるったい！
へぇ～そげなもんどげんしたらなれると？
スルスル
勉強ばうんとして航空学校に入ってからさ訓練ばしてやっと一人で操縦できると
そしたらおいは大空ば駆け回るったい！

男はよかね
そげな夢持てて
女はつまらん…
えっ！
おまん
女ね!?
失礼かね！
ブチッ
あ～切れて
もたぁ～
貸しちゃらんね
ビリッ
クル
クル
じーっ

ほら
直ったけん
あんまり
お転婆
しなんなよ
ムッ
ダッ
転ばんごとね！
ドタッ
ぷっ
ダーッ

——5年後（昭和20年）足立家
足立
足立克子15歳——
えっ？兵隊さんの壮行会！
うん、清乃屋旅館しっとろ？そこば軍指定の宿舎になってしもて航空兵達がしばらくおるけん
おかみが彼らの激励会を開くというんじゃ
まあっ！なしてうちの娘達をね!?
接待ならその筋の方々ばおらっしゃるとでしょうにっ
ばってん彼らもまだ20歳そこそこやけん普通の娘さんと普通の話ばしたいらしか
うちゃ反対とです！
嫁入り前の娘達をそげなところに！
このご時世彼らは命を賭して戦ってるばってん叶えてやらんね
……
うち恥ずかしか…
うち喜んで行っちゃる～

清乃屋旅館
かっちゃん絶対調子にのっちゃいかんよ！
お母様からきつく言われとるけんね！
あんたは本当にお調子者やけんお酌もいかんけんね！
わかっとるよ！
——失礼します 足立一郎の娘でございます
ガラッ
よお！
イイ男ばっかり…
うっ
堅苦しい挨拶は抜き抜き
さあさあ座って！
カーッ

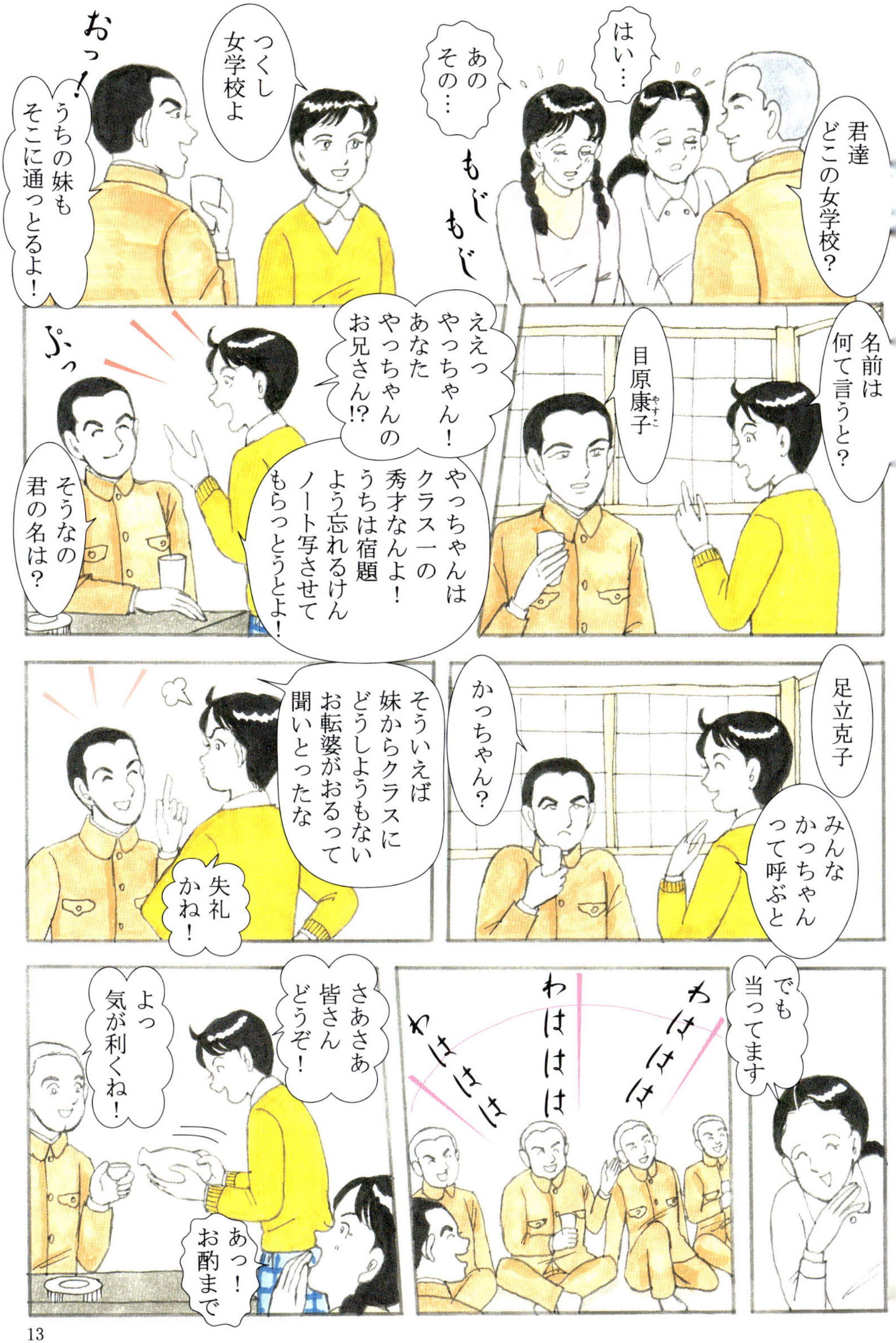
君達どこの女学校？
はい…
あのその…
もじもじ
つくし女学校よ
おっ！
うちの妹もそこに通っとるよ！
名前は何て言うと？
目原康子《やすこ》
ええっやっちゃん！あなたやっちゃんのお兄さん!?
ぷっ
やっちゃんはクラス一の秀才なんよ！うちは宿題よう忘れるけんノート写させてもらっとうとよ！
そうなの君の名は？
足立克子
かっちゃん？
みんなかっちゃんって呼ぶと
そういえば妹からクラスにどうしようもないお転婆がおるって聞いとったな
失礼かね！
でも当ってます
わははは
わははは
わははは
さあさあ皆さんどうぞ！
よっ気が利くね！
あっ！お酌まで

かっちゃん
なんか
歌知っとる?
うん
知っとるよ!
歌わんね
めでた
めでたのぉ
わかまつさまよぉ~~~
かっちゃん!
歌だけは
やめなさいっ!
すげえ
音痴!!
あぜん!
あははは
なして
みんな笑うと!
真剣に
やっとおとよ!
あはは…
ぎゃはは…
あのさ
おまえ見とると
5年前のガキば
思い出すとよ
へっ?
ひ~

すごいお転婆娘で木に登っとっておまけに下駄の緒ば切ってしまったと！
へ…
それ私…
うそっ!?
あん時の猿みたいなガキがおまんやったと!?
あん時の飛行機乗りになるって言っとったあんちゃん！
ふ～ん夢ば叶えなさったんね…
——羨ましか女はつまらん！
ぐいっ！
あっ
へ？
それお酒…
ふら～っ
バタンッ!!
かっちゃん！しっかりせんね！

目原さん本当にすいません
ぐー
いやいやこれくらい何でもありませんよ
本当にかっちゃんはお調子者で
家でも手を焼いてますの…
ぐーぐー
このご時世女の子は明るくないとやっていけませんよ
そうですかしら?
着きましたここです——
克子!?
まあまあ
本当にすいませんでした!
こちらこそ間違いとはいえ未成年にお酒を飲ませてしまって誠に申し訳ありませんでした
それでは自分はこれで失礼致します——
礼儀正しくて清々しい軍人さんやね
ほんなごと男らしか!
ポーッ

清乃屋旅館
ひょい
あら、あんた足立さんとこのお嬢さん！
昨日は大丈夫やった？
清乃
はい昨日は大変ご迷惑をおかけしました！
さあ上がって！目原さんはあの部屋にいるわよ
はい
目原さ～ん
ひえ～くらっ!?
あのあの…
もじもじ
ガタッ
ハッ

よおっ　かっちゃん　二日酔いは　大丈夫やった？
はいっ！　昨日は　お世話に　なりました！
母からの　お礼です――
わぁ　ぼたもちね！
オレ　好いとうけん♪
うん　うまかっ！
おふくろも　よお作って　くれたけん
おまえさんも　こげんくらい作れる　ようにならんね
もぐ　もぐ
私だって　手伝ったとよ！
ホント？
小豆　洗ったと――
――んだけ？
量があったけん　大変やったと！
お転婆の上に　これじゃ　嫁のもらい手なかよ！
よかよ！　一生独身で　尼さんにでも　なるったい
南無ぅ～
パンッ

なんかおまえさんとおるとイヤなことみんな忘れるけん
たまには顔見せてな——
たまにってどげんくらいね？
別におまえの都合でよかよ
なら毎日来ちゃるけん！
そうだ明日は洋曲聞かしちゃるけん
CANON
洋曲？聞いたことなかどげん曲ね？
ドイツの音楽家パッフェルベルのカノンたい
よかよ
どげんくらいよかね？
CANON
なんか泣けてくるったい！
じゃ明日楽しみにしてるけん
さようなら
かっちゃんさよならは言わんとき
じゃあなんて言うと？
その言葉は好かん！
また会おう——
分かった！まったねぇ～
明るいやつ…
ふっ

キーン
ダダッ
ダッ
ガガッ
ガガッ
ガガッ
ガガッ

ヴ〜
ウ〜
きゃあ〜っ
わあ〜っ
ダダッ
ダダッ
ダッ
ダッ
キィーン

一日一善
ふんふん〜♪
かっちゃん また清乃屋に 行くと?
うん
姉さんも 来んね?
いやっ あげな男だらけの ところ恥ずかしか!
だけんみんな
良い人ばっかりたい
今日は目原さん 洋曲ば聞かせて くれるって!
えっ目原さんが!
よろしく 言っておいてネ
行って きまぁ〜す
いいわね〜 お子ちゃまの かっちゃんは
うちは 気恥ずかしくて よう行けんわ…
清乃屋旅館

へへ…
こんにちは～
よお
かっちゃん!
よっ!
ねえ
洋曲ば
聞かせて!
ちょっと待ってて
今良い所だけん——
ご免ね!
イラ
イラ
ねえ
まだね!
ん…
もう
ちょっと
もう
ちょっとって
後どげん
くらいね?
…だけん
もう
ちょっと
たい…
イラ
イラ
イラ
後どげん
くらいねっ!?

だけん　もう少し　待っとき！
そげなこつばかり　言って後どげんくらい？
ねえねえ　どげんくらいね！
しゃからしかっ!!
むっ！
わっ!!
ガジャ
ガシャ
ひっ!!
帰るけん！
プイ！
なんとまあ　きかんきの　強い娘やねえ！
このご時世　あのくらいで　よかよ！
クス　クス

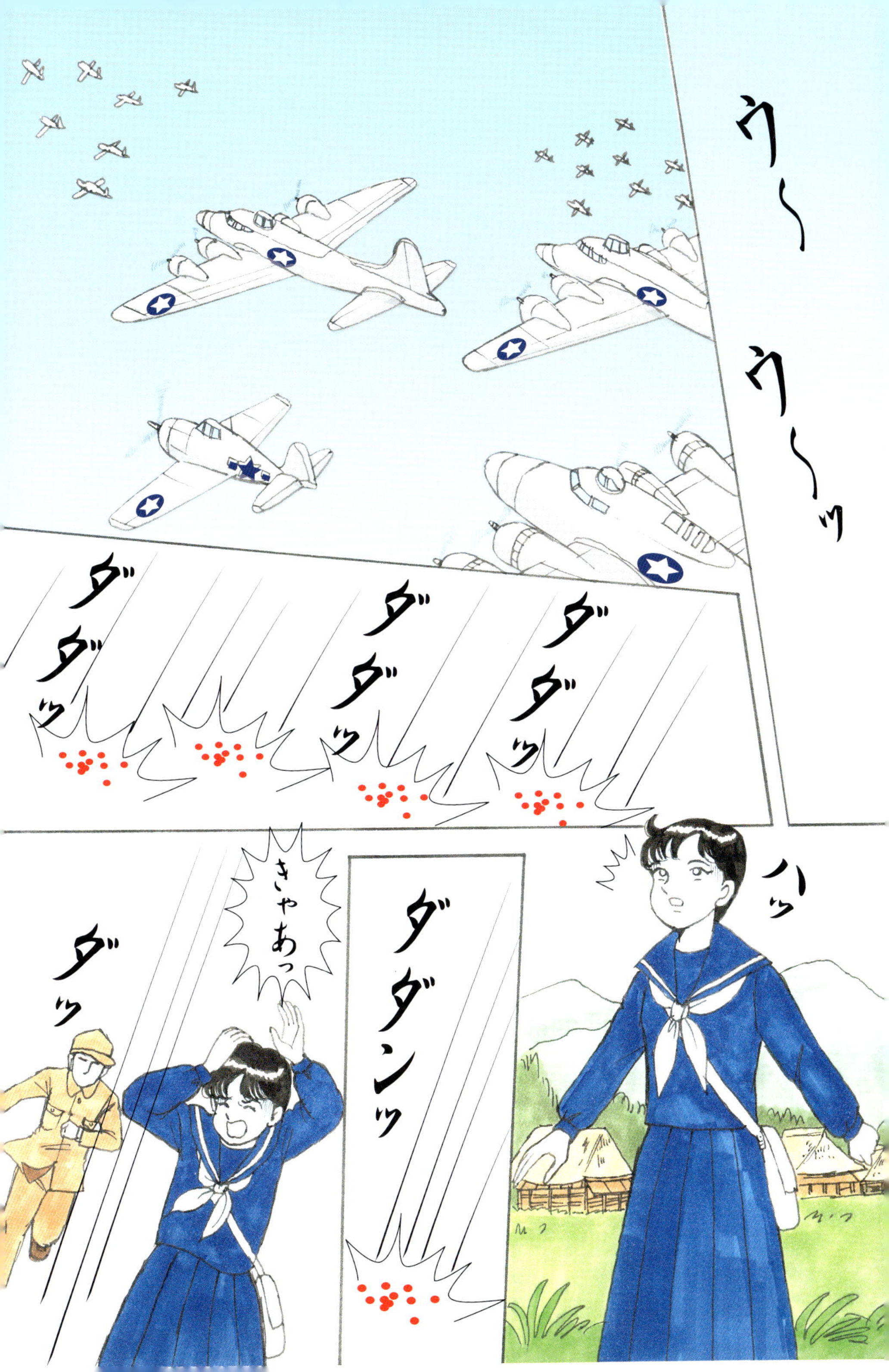
ウ〜ウ〜ッ
ダダッ
ダダッ
ダダッ
ハッ
ダダンッ
きゃあっ
ダッ

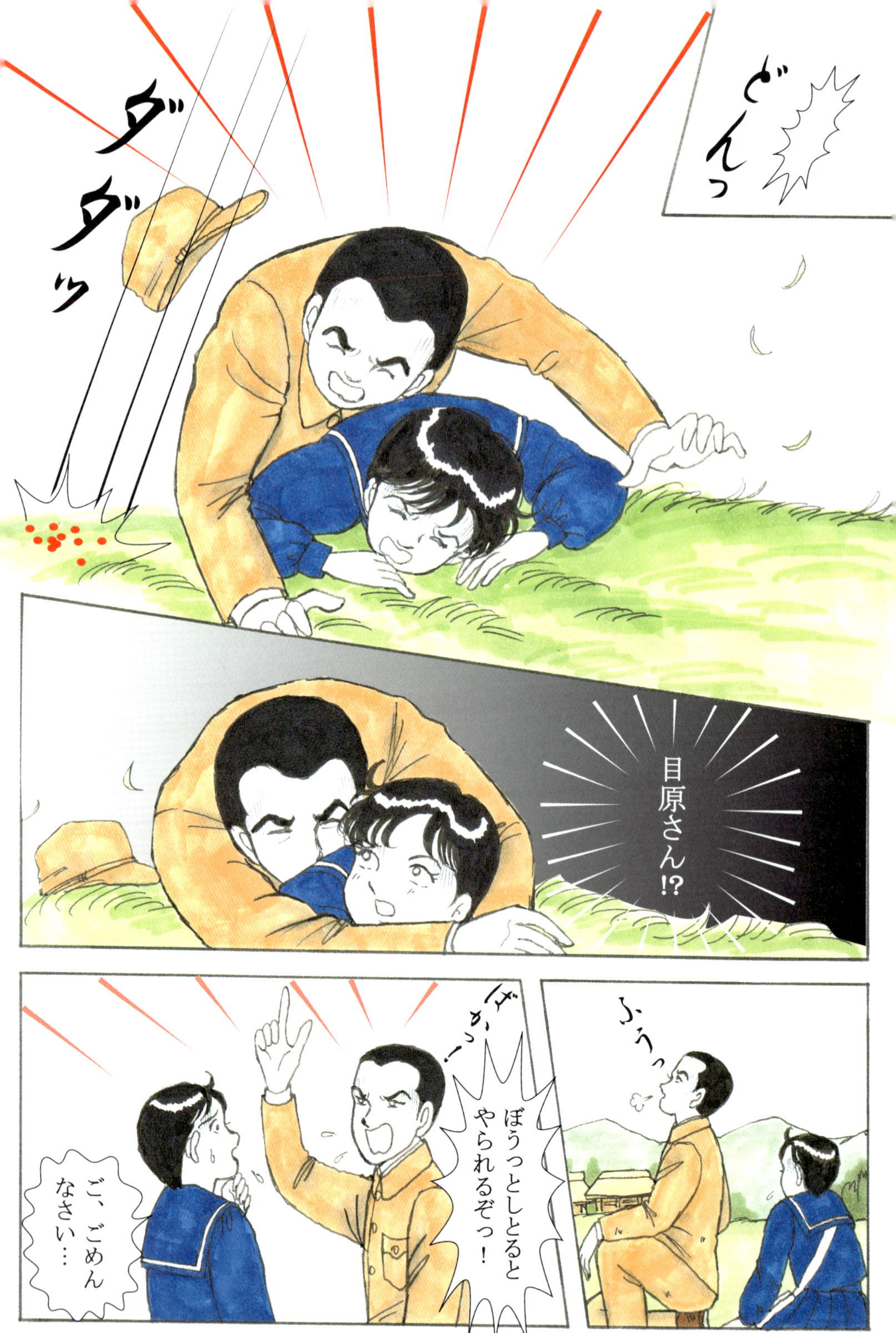
どんっ
ダダッ
目原さん!?
ふうっ
ばかっ!
ぼうっとしとるとやられるぞっ!
ご、ごめんなさい…

今は戦時中
なんだから
絶対油断するな！
は
はいっ
じゃあ
任務中やけん
くるっ
ボ〜
ドキ
ドキ
ただいま〜
かっちゃん！
もう清乃屋に
行かんとき！
えっ!?
この非常時やけん
目原さんに
迷惑かけたら
いかんよ！
別に
かけとらんよ
いかんったら
いかんとよ！
プイッ
変な
姉ちゃん…

讀朝報知
昨曉B29約二百五十機
帝都を無差別盲爆
全戰力擧げて
最後の攻勢を實施
いよいよ米軍が本土に上陸するかもしれん…
一体こげな戦がいつまで続くとやろか
某基地——

諸君！
本日諸君等に集まってもらったのは他でもない――
山田
小西
鈴木
諸君等も承知の通り我が日本帝國海軍は開戦以来未曾有の危機に瀕しており
戦況は極めて厳しいと言わざるを得ない…
田中
目原
そこで戦局を打開すべく敵に体当たりの特別攻撃を行う！
尚これは後のない特殊作戦であるから志願とする！
志願する者は後で司令室まで来るように――
田中
目原

目原さん どげんしたと？
急につきあってくれなんて
…うんちょっと行きづまったと
あるよね！誰でもそげんこつ――
えっ！
おまえみたいな能天気でもあると？
失礼かね！しょっちゅう行きづまってるわよ
どげんくらい？
眠れんくらい――
――そうかそうだよな…
この戦が早く終わるとよかね！
戦況はどげんね？
あまり芳《かんば》しくなか…

もしも
もしも負けたら
どげん
なると?
わからん
なんせ相手は
鬼畜米英だからな…
敵が攻めて来たら
どげんなるとね!?
そげなこつさせんっ!
命をかけて
この國を守るけん!
君が住むこの街を
この日本國を
命がけで守るけん
心配いらんっ!!
はっ
はいっ!
てへっ
ふっ
ピピーッ
おいっ!
そこの二人
何やっとる!
この非常時に
何しとるんか!
所属はっ!?
はいっ
自分は大分航空隊
戦闘機搭乗員
目原軍曹であります――
ふんっ
軍曹か…
貴様のような
軟弱者がいるから
風紀が
乱れるんじゃ!
風紀が乱れる
ような事は何も
しとりません!
女と
おったろが!

貴様さっきからどこ見とるんじゃ！
――空襲です！
嘘つけ！
ん？
きょろ
きょろ
どこにもおらんじゃろうが
いえ間違いありません敵機三機接近しています
航空兵の自分は視力に自信があります！
ほんとかっ!?
退避！退避じゃ！
今だかっちゃん走れ！
は、はいっ
ダッ

はぁ
はぁ
はぁ
ここまで来れば安心だ――
ぷっ
あははは…
あの憲兵の顔見たね？
見た見た！情けない顔しとったね！
貴様どこの所属かっ！
おまえさっきからどこ見とんじゃ！
あははは…
敵機って騙したと？
うん だけどやつらは頻繁にやって来るけん嘘じゃなか
目原さんの視力ってどげんくらいね？
二・五
二・五！
すご～い さすが航空兵やね！
私も男だったら空飛び回ってみたか！
うん 空飛び回るって最高やけん！

戦争さえなきゃね…
……
おっ可愛い花！
ぷちっ
花飾りなんつって――
にこっ
そうだ！
かっちゃんにこれあげる――
こげな大事なもんもらってよかね!?
うん持っとって
ありがとう！
どげんね？
あははは…
鞍馬《くらま》天狗《てんぐ》かよ！

ちく
ちく
かっちゃん何しとると?
裁縫なんち珍しかね?
目原さんにお守り人形作っとおと――
えっ!目原さんに!?
ドキッ
そうでもなかよ
あんまり目原さんにまとわりつかんとき迷惑しとるよ!
――それになにこれへたくそ!
あはは
こげなもんもらっても嬉しくなかよ!
まだ途中なのっ!
目原さんにはうちがもっと上手に作っちゃるけん!
あ、そ
じゃあお姉ちゃんも作ればよかよ――
……
♪~

清乃屋旅館
こんにちは～
目原さん おるとですか？
あら かっちゃん いらっしゃい！
目原さんとこに お姉さんが 見えてるわよ
えっ!?
あはは…
そ～
おほほほ…
いや～ よく 出来てるなあ！
うっ姉ちゃん…
目原さんも 楽しそう…
なんやろ こげな気持ち
もや もや

ガタッ
よお かっちゃん!
あら かっちゃん 来てたの？
お姉さんから 手作り人形 もらっちゃった!
うまく 出来てるだろう
早苗《さなえ》さんは 手先が 器用だなあ
お裁縫は 得意 ですの!
おほほ…
おまえも こげんくらい 作れるように ならんね!
……
ぷる
ぷる
目原さんなんて 大きらいっ!!
バシッ
わっ
なんだよ!
ダッ
かっちゃん!

……
わっ へたくそ！
ダッ
なんやろ こげな気持ち 悔しくて悔しくて 悲しくて切なくて どうしようもなか
わっ！
わ〜ん
わ〜ん

足立
リーン…
――はい、足立でございます
はいはい　ちょっとお待ち下さい――
克子！目原さんからお電話よ～
ドキン！
いないって言って――
あ、はい　すみません
居るかと思いましたらあいにく不在でして…
本当にすみませんねえ
あげなでれでれした目原さんば好かん！
当分口きかんけんっ！
あんた居留守ばつこうてよかね？
よかよか！
せっかくお電話下さったのに――軍人さんに明日はなかかもしれんのに…

某基地――
トクッ
諸君等はもうすでに軍神である!!
健闘を祈る!!
その名に恥じぬように本日は思う存分敵機に体当たりしてくれ!!
くいっ!

つくし女学校
わい
わい
かっちゃーん
かっちゃーんっ!
――姉さん!?
さっき目原さんから電話があって
あんたにさよならって伝えてくれって!
えっ!?
出撃よ!今日出撃するらしいわ!
うそっ!目原さんそげんこつ一言も言っとらんよ!
出撃は軍機密やけん急なんよ!
ダッ
かっちゃん今から行ってももう間に合わんよ!
どこの基地かもわからんし!
目原さん!
目原さん!
目原さん!

うそでしょう
目原さん！
まさか
今日発つなんて――
今日出撃するなんて――
まだ
あの時のお礼ば
言うとらんよ
ありがとうって
ありがとうって
ありがとう
ありがとう
目原さん！
ありが――
ガッ
ドテッ

目原さ〜ん!
ずっとずっとずっとずっと　好いとったよぉ〜!

某基地――
ババ…
ババ…
ババ…
おお～
わあー
わあー
がんばれ～
にこっ
うおーっ
わあーっ
ぎゅっ
ガッ

最高の天気
最高のコンディションだな――
ババ…
ババ…
ババ…
もはや
思い残すことは
なんもなか…
おれは絶対
やるぞ！
この國を護る！
あの娘達を護る！

ハッ
距離三海里
敵艦隊発見!!
グイ〜ン
トト…
われ突入す——
キイーン

目原さん
好いとうよ！
ん？
おれも…
ふっ
どげんくらいね？
う…ん
そうやなあ
この空いっぱい

蒼空めいっぱい!!

数十年後——
この辺の海は どげんくらい 深いんやろか？
このか！
あんまり 身を乗り出すと 危なかよ！
ハハ… 大丈夫よ おばあちゃん
ハイ！ 検索 5千m でしたあ
このかちゃんは 見た目も性格も 昔のかっちゃんに そっくりやね！
ふふ…
——姉さんごめんね このかまでついて 来ちゃって
せっかく 姉妹二人旅で のんびりしようと 思っとったのにね…
よかよか このかちゃんも おった方が にぎやかでよかよ！
このかちゃんは おばあちゃん子 やもんね
うちの孫達は ぜんぜん 寄りつかんよ

あ〜でも久しぶりにのんびりしたけん
姉さんにこの船旅ば誘ってもろてほんなごと良かったと！
あんたは離婚ばしてからずっと働きづめやったけん
旅行もままならんかったもんね
だいたいあんたは亭主が一度浮気したくらいで離婚するけん苦労したとよ！
うちなんかも浮気ば何回もしとうよ！
だけん若い頃はどうしても許せんやったと…
あんたは意外に潔癖症なんやね…
それともあんたまさか…
まさか…
おばあちゃ〜んおばちゃ〜ん風が強うなってきたけんお部屋に戻った方がよかよ！
うんわかった！先行っとって——

あっ 今この船ば おばあちゃんが 気にしてた 沖縄の海上 通過中で～す
姉さん…
コクリッ
ああ 目原さん――
――ここやね ここに目原さん 沈んどるんやね！
うん うん！
そうやね！ 間違いなかよ！
こげな 蒼い海の底に… たった独りで…
冷たかろうに 辛かろうに 寂しかろうに…

かっちゃん――
ハッ
目原さーん
目原さーん
目原さーん あん時は ありがとうね！
お礼 言っとらん かったね ありがとうね！
お陰さんで 日本は平和で豊かな 国になったとよぉ～
だけん 目原さん達みたいな 気骨のある人達ば いなくなってしもうて この国ば不甲斐なかよぉ～
結局 目原さん以上の男ば 現れんかったよぉ～
かっちゃん…
目原さん 会いたか…

目原さん どうぞ 安らかにね！
うちももうすぐ そちらに逝くけん 待っとってね！
パサッ
第一話 蒼空めいっぱい 終わり

第二話　薩摩富士

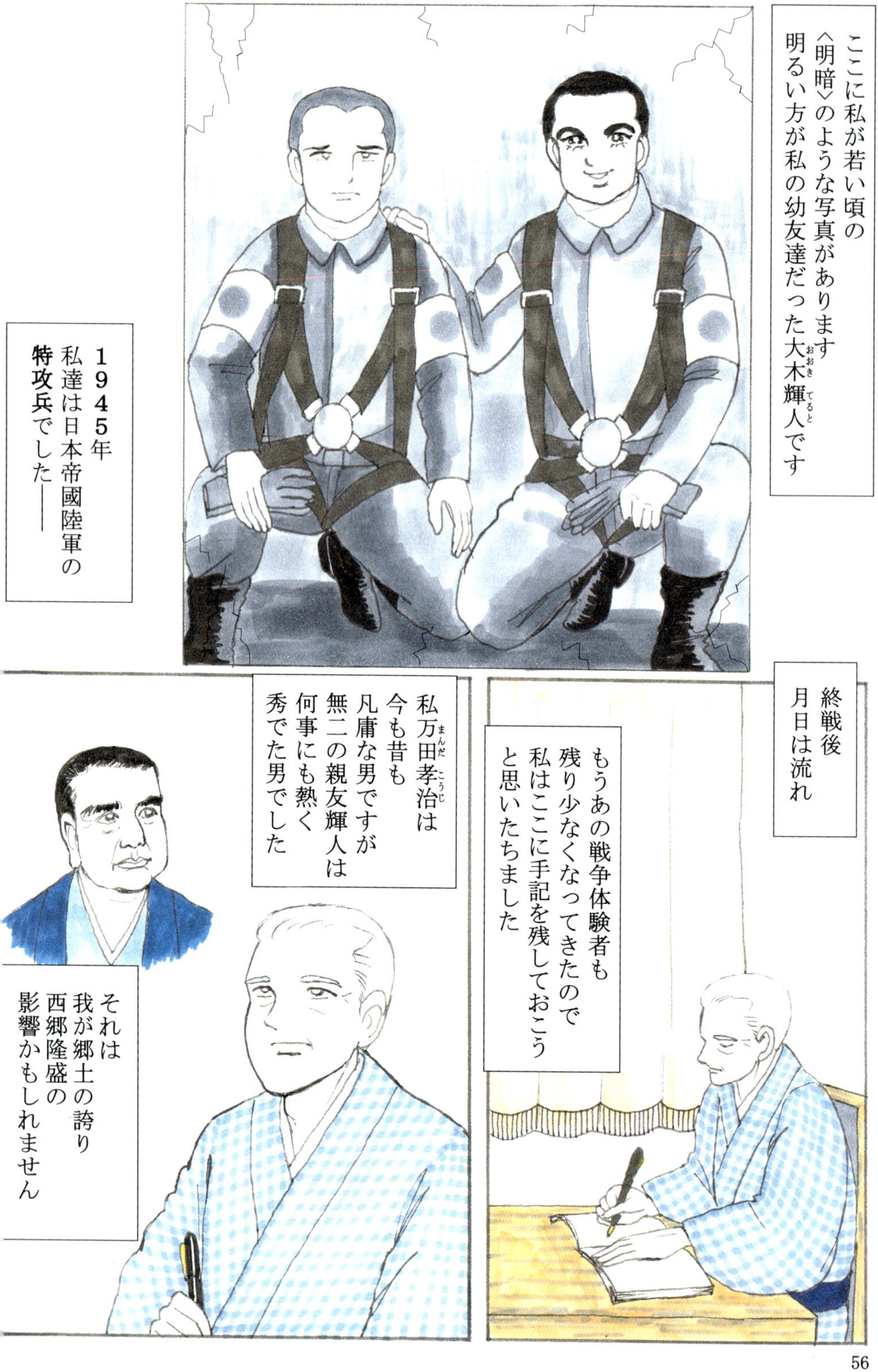
ここに私が若い頃の〈明暗〉のような写真があります明るい方が私の幼友達だった大木《おおき》輝人《てると》です
１９４５年私達は日本帝國陸軍の**特攻兵**でした——
終戦後月日は流れ
もうあの戦争体験者も残り少なくなってきたので私はここに手記を残しておこうと思いたちました
私万田《まんだ》孝治《こうじ》は今も昔も凡庸な男ですが無二の親友輝人は何事にも熱く秀でた男でした
それは我が郷土の誇り西郷隆盛の影響かもしれません

そう私達は
鹿児島県生まれの
薩摩男児なのです
私達の背景には
「薩摩富士」と呼ばれる
霊峰開聞岳《かいもんだけ》がいつも力強く
私達を見守ってくれていました
私の父は
村役場に勤め
母妹二人の平凡な
五人家族でした
輝人の家は
早くに父を亡くし
母一人子一人の
母子家庭でした
輝は私がガキ大将に
いじめられると
必ず仕返しをしてくれて
いつまでも
泣いている私に
泣こかい
飛ぼかい
泣こよか
ひっ飛べ！
孝ちゃん
ひっ飛べ！
と言っては
励ましてくれました

輝は正義感が強く勉強も運動もよくできて村でも目立つ存在でした
私はそんな輝の影のような存在でした
孝ちゃんおいは絶対飛行機乗りになりたか！
飛行機乗り!?
空飛ぶのっ？怖くないのっ！
飛行機に乗ってあの大空を飛び回ってみたか
男として生まれたからにゃ飛行機乗りったい！
そう言って輝は大きな瞳を輝かせていました
私はというと夢も信念もなく輝についていこうと思っていました
なので難関の少年飛行兵を目指し猛勉強を始めました
輝は熱心に私に勉強を教えてくれました

体力もつけないと飛行学校には入れないぞ！
くぅ〜〜っ！
ということでこっちも鍛えられました
こうして輝のお陰で二人共合格し
晴れて少年飛行兵になりました
しかし入隊してみると「しまった！」と思いました
噂には聞いていましたがあまりの規律の厳しさに家に逃げ帰りたくなりました
けれど当時は家へ逃げ帰ったとしても
厳格な親が受け入れてくれるはずもなく
我慢する他はありませんでした
当然教官からの制裁もしょっちゅうありました
ボカッ
ばかすったれ!!
でも意外なことに列の端にいた私の番になると教官も殴り疲れて
ハアハア
スカッ
ん!?
案外痛くなかった――と記憶しています

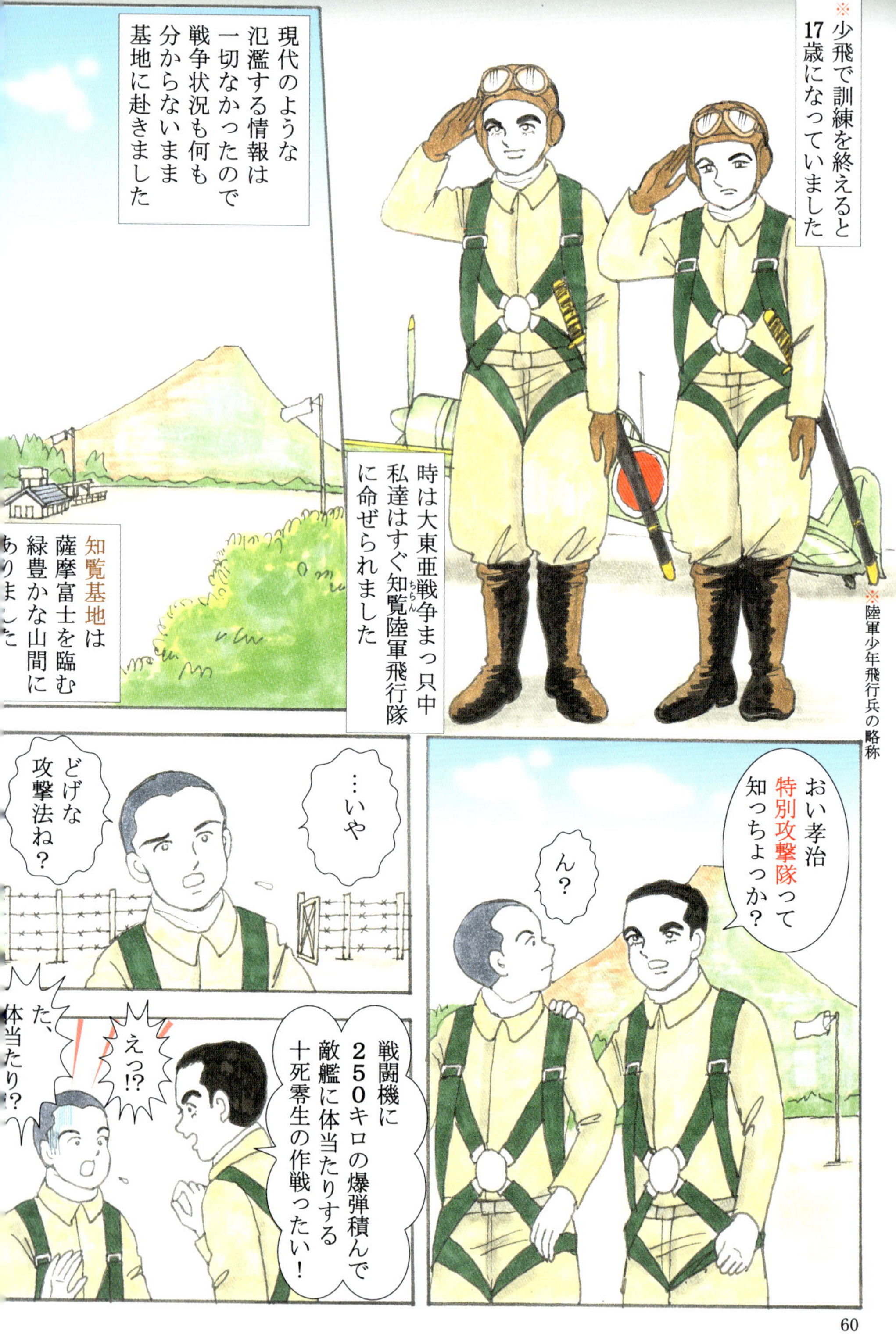
※少飛で訓練を終えると17歳になっていました
時は大東亜戦争まっ只中 私達はすぐ知覧《ちらん》陸軍飛行隊に命ぜられました
※陸軍少年飛行兵の略称
現代のような氾濫する情報は一切なかったので戦争状況も何も分からないまま基地に赴きました
知覧基地は薩摩富士を臨む緑豊かな山間にありました
おい孝治 特別攻撃隊って知っちょっか？
ん？
…いや
どげな攻撃法ね？
戦闘機に250キロの爆弾積んで敵艦に体当たりする十死零生の作戦ったい！
えっ⁉
た、体当たり⁉

おいは喜んでこの作戦に参加するぞ！
熱血漢の輝人はお国を護るためただ一途でした
しかし私は――
体当たりか…
自分は軍人であり特に飛行機乗りである以上常に死を考えて覚悟はしていました
しかし敵機と堂々と渡り合って撃ちあって死にたいのでこの作戦はあまりに無謀な作戦じゃないか！と憤りを覚えました
案の定その夜上官の岩井《いわい》少尉が
皆の前で発表しました
――諸君本日集まってもらったのは他でもない
諸君等も承知の通り我が日本帝國陸軍は開戦以来未曾有の危機に瀕しており戦況は極めて厳しいと言わざるを得ない
そこで戦局を打開すべく特別攻撃を行う――尚これは後のない特殊作戦であるから志願とする
各自よく考えて上官室に来るように！

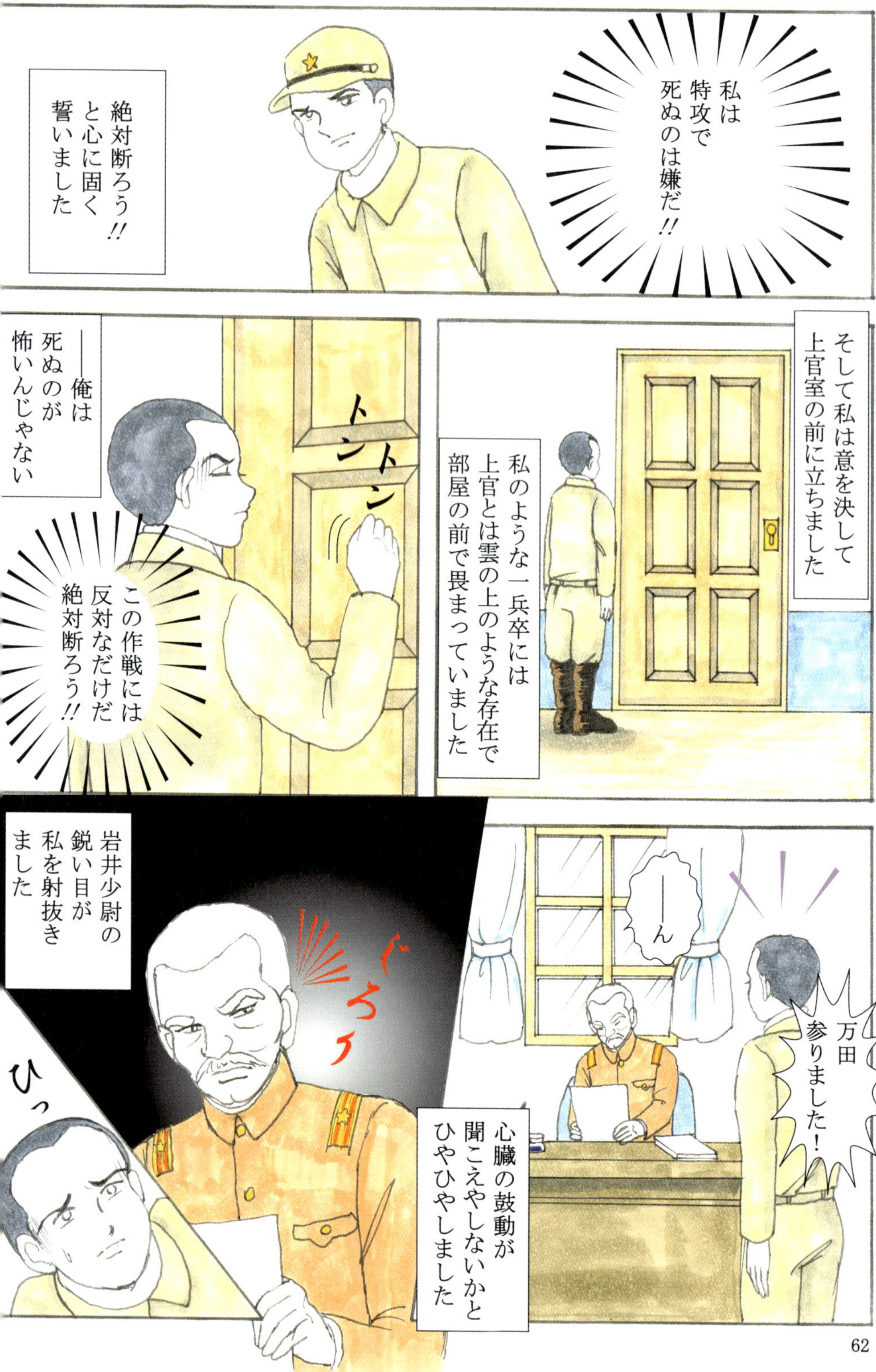
私は特攻で死ぬのは嫌だ!!
絶対断ろう!!と心に固く誓いました
そして私は意を決して上官室の前に立ちました
私のような一兵卒には上官とは雲の上のような存在で部屋の前で畏まっていました
トントン
——俺は死ぬのが怖いんじゃない
この作戦には反対なだけだ絶対断ろう!!
——ん
万田参りました!
心臓の鼓動が聞こえやしないかとひやひやしました
岩井少尉の鋭い目が私を射抜きました
ひっ

…特攻隊志願したいと思います!!
貴様は嫡男だったな?
後は妹達だけだが良いのか?
と反射的に思いとは真逆の言葉が口をついて出てしまいました
はっ! 自分は戦闘機乗りであります!
死は覚悟の上ですし家族も同様だと思いますっ
と心にもないことが口からすべっていました
…そうか
しかし全員参加するわけにはいかないので
明日人員を発表する——
はっ 失礼します
はあ~っ おれってバカすったれ…
バカ
バカ
バカ

そして翌日
珍しく
上機嫌の
岩井少尉が
発表しました
特攻全員志願は
非常に
喜ばしい事だ!
——だが全員という
訳にはいかないので
これから
特攻隊員名を発表する!
ドキ
ドキ
どうか
選ばれません
ように!!
自分は
嫡男だし
本間《ほんま》登《のぼる》
山路《やまじ》忠《ただし》
長島《ながしま》啓吾《けいご》
大野《おおの》正文《まさふみ》
持田《もちだ》清二《せいじ》
大木《おおき》輝人《てると》
やった!
輝は本当に
喜しそうでした
ドキ
ドキ
後二人か…
万田《まんだ》孝治《こうじ》
ギク
中西《なかにし》卓三《たくぞう》
——以上っ!
ああっ!

名を呼ばれたのは12名で私達はその中の最年少で最年長でも25歳でした
あ〜 なんで おれが…
名誉だ! 名誉だ!
——同じ飛行兵でも思いは様々でした
万田 出撃はいよいよ明日だぞ がんばれよ!
ハッ
ポン
は、はいっ 連隊長殿!
連隊長の足を引っ張らないように頑張ります!
少尉にともかくこの気の良い連隊長のためなら死ねるか…
自分のためではなく誰かのためなら死ねる…
豊屋食堂
こばた
豊屋食堂
陸軍指定食堂
いらっしゃ〜い
それはその当時の17歳の偽らざる気持ちでした
おばちゃん俺達選ばれちゃったよ…
明日出撃だよ
そ、そう

それじゃああんた達の好きな物何でも作ってあげるよ！
かけ五銭
うどん八銭
そば十銭
何がいいね？
は〜っおばちゃん俺食欲ない…
…俺も
やっぱ緊張しちょっとかな…
いかんよ！腹が減っては戦はできんよ！
好きなモン食べんね！
じゃあ俺きびなごの刺身！
俺は※がね！
よっしゃ！
ちょっと待っとってね
は〜〜っ
ど〜んっ
…おばちゃんこんなに沢山食えないよ
いいから食べんね
漬もんもあっど！

おばちゃんはほんとに隊員想いのいい人なんだね
本当のおふくろみたいだな！
俺の分も長生きしてな！
俺の分も！
そば十銭
かつ十銭
くるっ
な、なにバカなこと言ってんのさ…
おばちゃん泣いてる…
ほんとうに情の深い人なんだなあ
あ〜っ
最後におふくろに会いてえな〜
俺も！ふっ、おふくろもよくこれを作ってくれたな…
明日の出撃のことは軍機密だけどもう一度だけ会いたかったなあ…
いかんいかんなに感傷的になってんだお國のために戦うぞっ！

私達は出撃前夜 腹一杯になって 人情にも触れて 温かい気持ちで 兵舎に戻りました
そこは三角兵舎といって 半地下になっており 敵から見えぬよう 草木が被されていました
とうとう 明日出撃か…
輝は今 どんな気持ちで いるんだろうか…
目を閉じても なかなか 眠れません でした
周りのみんなも 眠っているとは 思えませんでした
敵艦に体当たりすると 肉体が飛び散って 痛いのか？ 辛いのか？ もはや感じないのか？
ああっ いずれにしても この若い生命が 一瞬で吹っ飛ぶ

おい輝
起きてるか?
…ああ
眠れんな
俺達は明日には
確実に仏になってるんだな…
うん…
俺達は
いったい
何のために
生まれて
来たん
だろうか…
えっ!
おまえみたいな
熱血漢でも
そう思うのか?
…うん
俺達は明日
死ぬために
生まれて
来たんだな…
ところで
おまえ女ば
知っちょっか?
…いや
女って
どげなやろか?
キキッ
きっと白くて
柔らかくて
ふわふわしとって
綿菓子みたい
なんじゃないか?
そんな風に輝と私は
色んなことを語りあい
眠れぬまま
死への朝を迎えました
せめて今朝は
悪天候で中止
だったりして…
チチッ

――快晴の朝でした
わあっ まぶしいっ！
よおし 俺も男だ!!
お國のために りっぱに 戦うぞっ！
知覧基地
諸君等は すでに 軍神である！
我が日本帝國陸軍の 誇りと自信を胸に 敵艦に体当たりし
お國を護るために 命を賭して戦ってこそ 諸君等は 故郷に錦を飾り 父母の誉れとして…
――しっかし 少尉殿の 訓辞は なげえなあ
まったくだ 敵が逃げ ちゃうぞ

——その後
型通りの別盃式が恭《うやうや》しく行われました
パーンッ
パーンッ
孝治 靖國で会おうがっ!!
おうっ 待っちよっぞ!!
——これが
私の無二の親友輝との永遠の別れでした——

わ〜
わぁ〜
さようなら〜
うわぁ〜
がんばれー
あっ おばちゃん!
こんな朝早くから来てくれたの?
早起きぐらい何でもなかよ
万田さん 大木さん 頑張ってね!
ありがと〜ね
おばちゃんも達者でね!
私達は250キロの爆弾を抱えた一式戦闘機・隼《はやぶさ》に乗り込みました
ブブーッ
見送るおばちゃん達はいつまでもいつまでも手をふってくれていました

そして私達は「薩摩富士」の頭上で翼を三回振りました
――それは本土の見納めと祖国との別れの合図でもありました
おばちゃん さよなら ありがとね がね美味しかったよ
お父さん お母さん 妹達よ さようなら
ああっもう一回 おふくろに 会いたかったな
何一つ親孝行できずに すみませんでした 親不孝な孝治を お許し下さい――

今は奄美大島上空だな…
決戦の沖縄まで後少し…
えっ!?
もう敵機がっ!?
ガガガッ
うわあっP51だっ!!
ガガッ
ガガッ
ガガッ
ガガッ
あぁっ輝がやられたっ!!
ガンッ
ガンッ
輝っ——!!

ガガッ
——それはまさに地獄絵図でした
ガンッ
ガンッ
私の大事な戦友達が戦うことも逃げることもできず
次々と火を噴いて落ちて往きました
くそっ米兵めっ輝の仇をとってやる!!
絶対許せんっ!!
私はもう復讐の鬼となって
敵機に正面から向かって行きました
ガガガッ
ガガガッ
ガガガッ
ガガガッ

——しかし
多勢に無勢
ついに
私の万田機も
被弾して
しまいました
ガガガッ
ガンッ
ガンッ
機体は錐《きり》もみ状態で
落ちて行きました
グィ〜ン
ああ
俺もついに
お陀仏か…
ん？
でも死とは
こんなものか…
あんなに
苦しんで
あんなに
怖れたのに——
案外
大した事ないんだな…
薄れゆく意識の中で
そんな風に
感じていました
お父さん
お母さん
お先に涅槃《ねはん》で
待ってます——

孝治っ
ばかすったれ
操縦桿を引けっ!!
引けっ!!
んっ!?
その時本当に先ほど
やられた輝の声が
はっきりと
聴こえたのです
私は無我夢中で
操縦桿を力の限り
引きました
くくっ
――すると
錐もみ状態から
解放され
なんとか
機体を立て直す
事ができたのです

そして
どうにかこうにか
海に不時着しました
ザザザッ
運良く
近くの島の守備隊に
発見されて
救助されました
しかし
俺は生きてる!!
まだ生きてるんだっ
輝のお陰で助かった!?
そんな喜びも
ほんの束の間でした

船かたんたん
知覧基地に
近づいて来ると
おっかない
上官の顔が
浮かび――
死に損ない!!
死んだ仲間達に
申し訳ないと
思わないのか!!
ばかすったれ!!
卑怯者っ!!
という声が
聴こえて
来たのです
ううっ
もう私はなんだか
面倒臭くなって
いっそ
この海に身を投げて
輝の元へ行こうか
とも考えました
はあっ
それは
今の若い人達には
想像もできない
〈生と死〉が混濁した
毎日だったのです

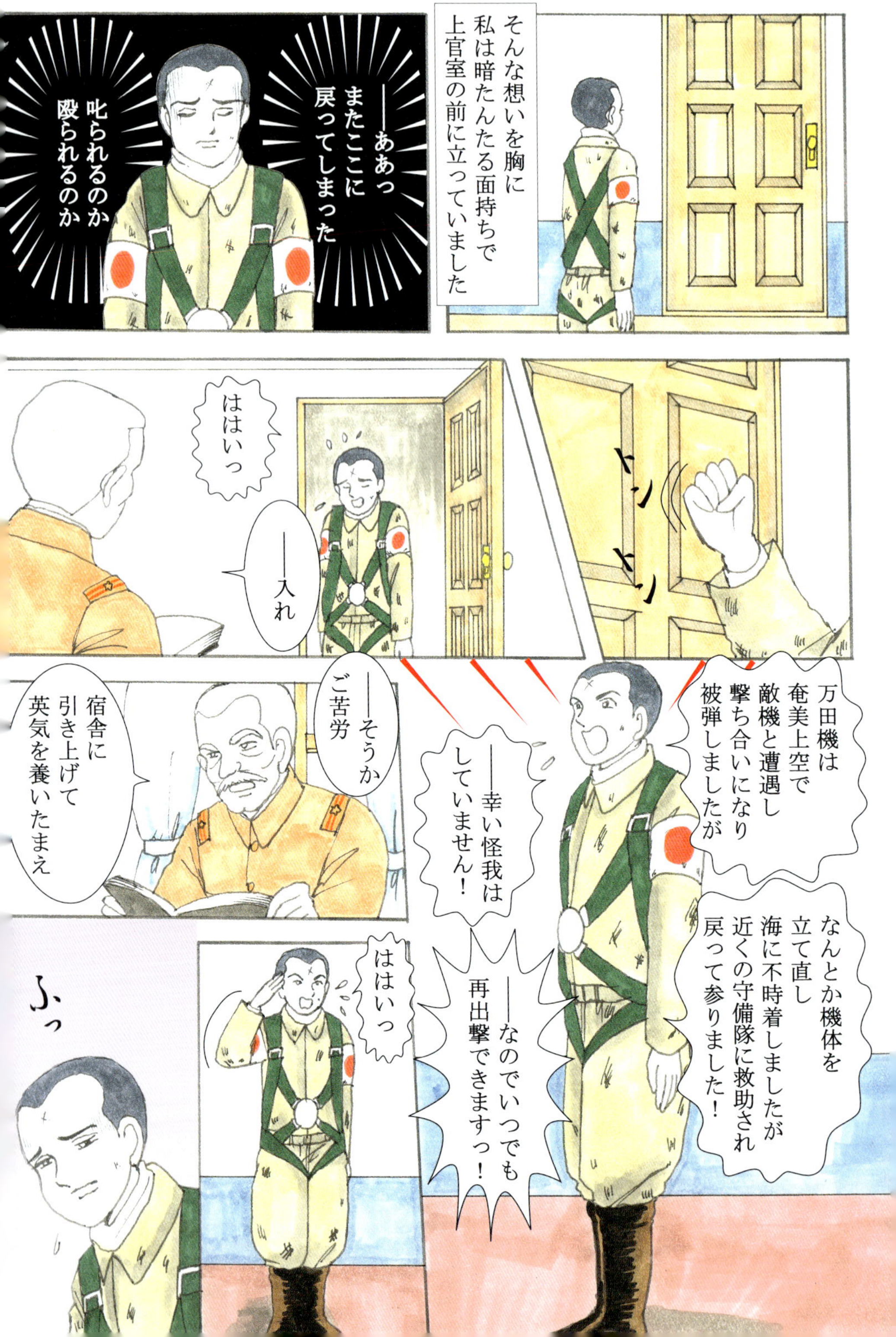

そんな想いを胸に
私は暗たんたる面持ちで
上官室の前に立っていました
――ああっ
またここに
戻ってしまった
叱られるのか
殴られるのか
トン
トン
――入れ
ははいっ
万田機は
奄美上空で
敵機と遭遇し
撃ち合いになり
被弾しましたが
なんとか機体を
立て直し
海に不時着しましたが
近くの守備隊に救助され
戻って参りました！
――幸い怪我は
していません！
――なのでいつでも
再出撃できますっ！
――そうか
ご苦労
宿舎に
引き上げて
英気を養いたまえ
ははいっ
ふっ

なんだ
こんなものなのか！
こっちは命を賭して
戦ってきたのに…
まあ
そうだろうな…
我々一兵卒が
私の無二の親友の輝が
生きて帰ろうが
死のうが
指揮官にとっては
ただの駒にしか
過ぎないんだな…
翌日も
出撃願いを出して
受諾されましたが
雨で飛ぶ事が
できませんでした
そして
その次の日も
雨でした
そうこう
している内に
日本は敗戦を喫し
終戦を迎えました
堪え
がたきを
堪え
忍び
がたきを
忍び…
ううっ…
ううっ…

生き残ったことを幸運だ——と捉える人が多いと思いますがその当時はそれも生き地獄でした
なぜならどう見ても私より全てに優れ今後日本の再建に必要不可欠な逸材の輝や戦友達が先に逝ってしまったのですから
自分だけが生き残ったことがどれほど空しくて辛いことか…
戦後何年経ってもその戦友達のことが頭から離れず
私の顔からは笑顔がまったく消えていました
あの戦争を輝のことを忘れようと無我夢中で働きました
ガガッ…
それしか気を紛らわせる方法がなかったのです
生きていくために辛いことは山ほどありましたが特攻を経験した自分はもう怖いものと失うものは何もありませんでした
こんな私でも精神だけは鍛えられたのです

私は職場で知り合った
同じ年の女性と結婚して
家庭を持ちました
二人の娘に恵まれて
家族のために
懸命に働きました
お陰様で退職後は
やっと余裕が出来て
妻を伴って世界中を
旅しましたが
かつての敵国の
アメリカと
イギリスと
ソ連だけは
どうしても
行く気には
なれませんでした
――けれど運命とは
皮肉なものです
末娘が結婚相手に
選んだのはなんと
アメリカ人でした――
Hi!
私は複雑な
気持ちで
青い瞳の娘婿を
見つめていました
娘の幸せそうな
顔を見ていると
反対する理由は
どこにも
ありません
でしたが
私の無二の
親友を葬った
アメリカ人は
ないだろう――
と呟いていました

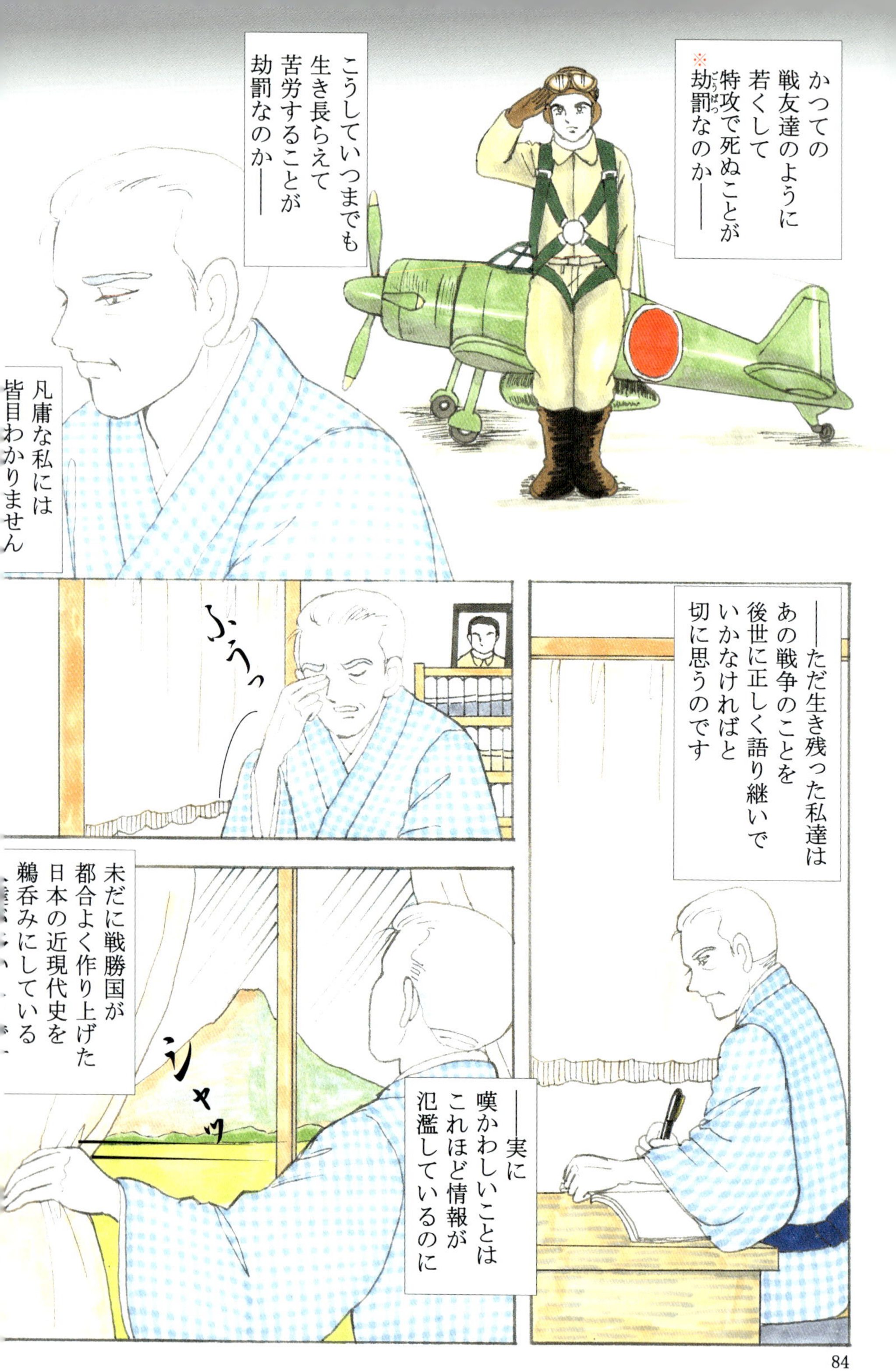
かつての戦友達のように若くして特攻で死ぬことが※劫罰《ごうばつ》なのか――
こうしていつまでも生き長らえて苦労することが劫罰なのか――
凡庸な私には皆目わかりません
――ただ生き残った私達はあの戦争のことを後世に正しく語り継いでいかなければと切に思うのです
ふうっ
――実に嘆かわしいことはこれほど情報が氾濫しているのに
未だに戦勝国が都合よく作り上げた日本の近現代史を鵜呑みにしている
シャッ

政治家やマスメディアもそうです
いつまで偏った自虐史観を続けて謝罪ばかりを繰り返していくのか…
国民も先の大戦に関心を持ってもっと正しい認識を持つべきです
今とあの時代では価値観も政治背景も若者の意識も何もかもがまるで違うのですから…
あの時私の戦友達がただただ亡国の危機の瀬戸際に若い身を投げ出して国を護ろうとしたことを絶対に絶対に忘れてはならないのです
彼等は何よりも今日あるこの平和を願って戦ったのですから
間もなく終戦71年目を迎えます——
平和を当たり前のように享受している今の若い人達が
パタン
日記
あの薩摩富士に万感の想いを胸に別れの挨拶をして逝った戦友達に少しでも想いを馳せてくれたら
彼等の供養になると思います——

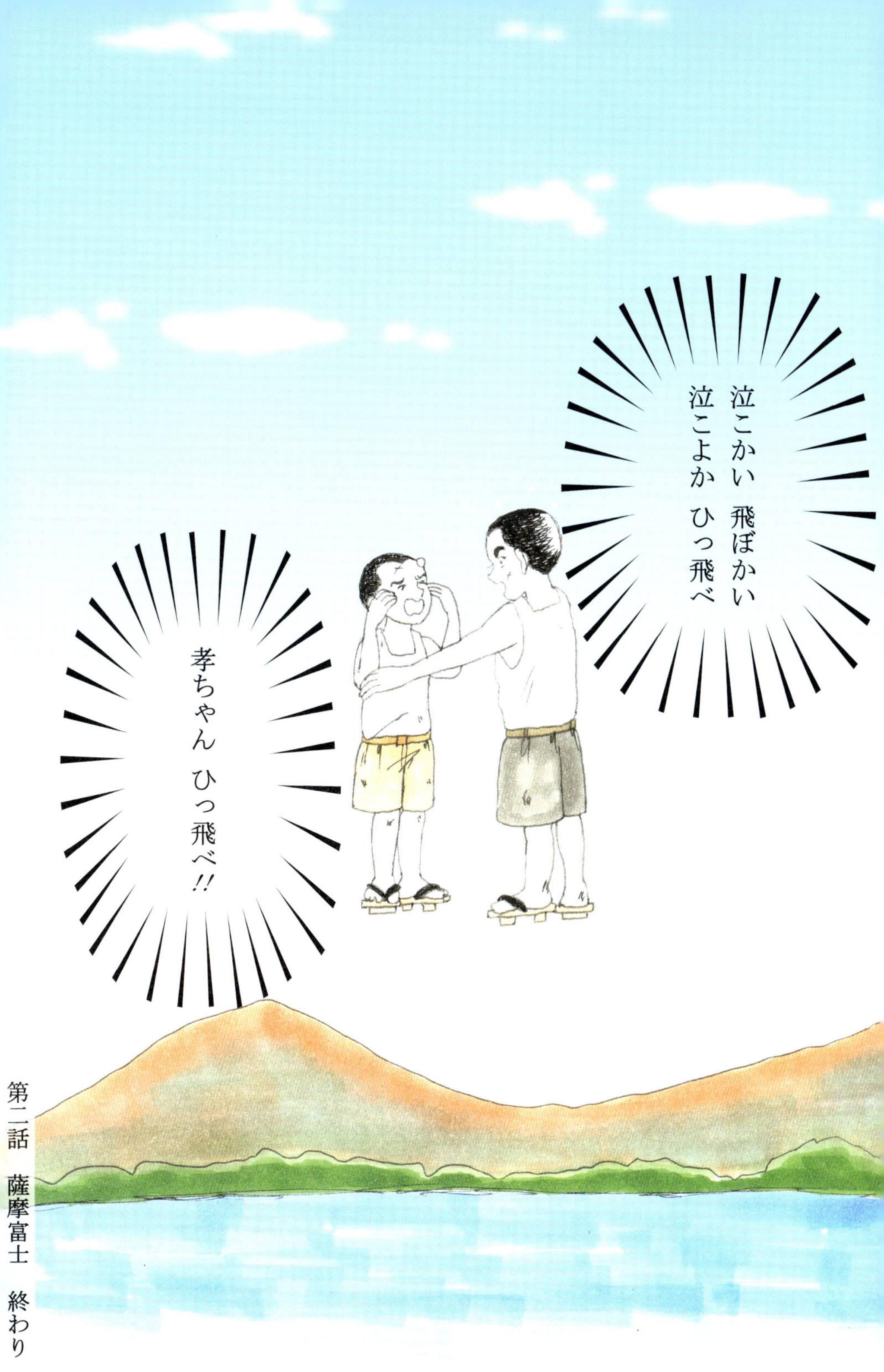
泣こかい 飛ぼかい
泣こよか ひっ飛べ
孝ちゃん ひっ飛べ!!

第二話　薩摩富士　終わり

第三話　特攻兵からの宅配便

終戦の8月ではなく
5月が巡って来るたびに
自責の念にかられる
一人の翁《おきな》がいます
──安方《やすかた》克己《かつみ》です
…あの時
私が船を出さなければ
麻生《あそう》正也《まさや》少尉は島に留まって終戦を迎えられたかも知れないのに…
実に惜しい方を死なせてしまった──
ご遺族の方に申し訳ない…
ううっ

安方が戦後71年経っても忘れ得ぬ麻生少尉とは陸軍特攻兵の麻生正也のことです
昭和20年4月29日知覧から沖縄戦に向けて出撃しました
名も、金も、命も、何もいらぬ。唯皇國日本のため、この若き血潮を捧げれば、それでいい。
「麻生の日記より」
――けれどエンジントラブルのため黒島近海に不時着しその後再出撃し
25歳の若さで戦死しました
その再出撃のことはなぜか軍の記録には残されておらず麻生の戦死日は4月29日のままです
しかしその数日後の5月5日に黒島の人々は麻生機を目撃し彼からしっかりと贈り物を受取っていたのです――
柴崎少尉へ

麻生正也は大正13年
福岡県糟屋《かすや》郡で
金物卸業を営んでいた
健太郎《けんたろう》と松江《まつえ》の
長男として生まれました
この地の男は
粋で度胸満点の任侠肌と
言われています
しかし正也が
5歳の時に両親が離婚し
母は姉と弟を連れて
実家に帰ってしまいました
父の方は再婚し
実母と継母の間で
正也は悩み
淋しい思春期
を送りました
優しい性格の正也は
離れて暮らす実母
への想いが募り
手紙を頻繁に
書いて送りました
明治大学に進学した正也は
学友の話によると
「おしゃれでかっこよくニヤケだった」そうです
明治大学
でも
女性に声を気安くかける
軟派ではなかったそうです
SKDの水《みず》の江《え》滝子《たきこ》の
大ファンで
いつもブロマイドを
持ち歩いていたそうです

粋でおしゃれで
子供好きの正也は
教師か銀行員に
なることが夢で
実際、銀行に就職が
内定していました
そんな多感な
学生時代に正也は
遠縁の大沢《おおさわ》家に
よく出入りして
いました
そこで束の間の
家庭の温もりに触れ
特に叔母の
久江《ひさえ》がよく面倒を
見てくれました
――実は私も
正也さんと同じ
境遇だったから
気持ちがよく
分かるの…
と後に
語っています
久江には
二人の娘が
いました
いずれ
次女の方を
正也のお嫁さんにと
考えていたようです
しかし正也が
想いを寄せていたのは
姉の芳子《よしこ》の方でした
実ることのない
儚い恋でした――

大東亜戦争が激化すると
正也は亡国の危機に
学徒出陣に応じました
祝出征 麻生正也
祝出征 田中安正
大学を半年繰上げ卒業した
正也は陸軍飛行学校で
猛訓練を受け
器用な正也は
わずか三ケ月で単独飛行が
できるようになりました
正也は筆まめで
「**修養録**」と題した
日記に
その頃の想い
を綴っています
死も生も
ただ神のまにまに
若鷲は勇みて逝けり
白雲の彼方へ
日本男児を
象徴せる櫻花
我また櫻花の如く
生きん
自分らは
何故に此處に來たのか
死ぬためなり
努力せん　死ぬために
20歳そこそこの血気盛んな若者は
自らの意思と命令に従って
特攻を志願しました
正也は「第**24**振武隊《しんぶたい》」に配属されました
この部隊は
虎の子特攻隊として
注目され
優秀なパイロットばかりで

「特攻死は男の本懐」と信じて止まない正也は沖縄決戦のためにまず小月《おづき》飛行場（山口県）に赴きます
この時最後の面会に弟の守也《もりや》が福岡から兄を訪ねて来ました
よお守也！
やぁ兄さん！
母さんは!?
母さんは兄さんに会うと辛いからと差し入れだけです
そして正也は思わぬ行動をとりました
兄さんあれが我が家だよっ！
なんと守也を愛機（屠龍《とりゅう》）に乗せて母が住む福岡まで飛んだのです
その家の上を二回旋回しましたが母は姿を現しませんでした

三度目に正也は低空で接近しました
ゴォー
――すると
ようやく母は庭に出て来て手を振ってくれたのでした
あっ お母さん！
お母さん！
お母さん お母さーん！
お母さーんっ!!

さよなら
お母さん…
これでもう
思い残すことは
ないです――

命下る　今ぞ
我が身を　捧げれば
御國は　永久に
栄え　まつらむ

正也の決別の辞が
残されています

純真で
まっすぐな若者は
身を捨てて
家族を国を護ろうと
固く決心したのでした――

昭和20年4月29日 第24振武隊の 精鋭8名は 知覧から出撃します
――本日は奇しくも 天皇陛下はお誕生日で あられます
この日に 出撃とは これ以上の 名誉はない…
隊長の小澤《おざわ》は陸士出身で 祖国愛に満ち溢れた 部下思いの 至純至誠の人でした
実はクリスチャンで ロザリオを握りしめて 往きました
しかし 三浦《みうら》機は 機の不具合のため 飛び立てませんでした
ブルル…
更に 篠原《しのはら》機と 片柳《かたやなぎ》機が 引き返して来ました
なにしろ250キロの 爆弾を抱えているので その負担が エンジン故障の 原因になったのです
更に更に 立花《たちばな》機も エンジントラブルで 指宿《いぶすき》海岸に不時着 してしまいました

エンジントラブルで
やむなく爆弾を落として
近くの島への不時着を
試みます
ババッ…
知覧から約80キロ
離れた黒島でした――
岩壁だらけの島で
着地場所がなく
海面着水を
余儀なく
されました
ザッ
その海は
黒潮が流れていて
潮の流れが
とても速いのです
島人達が
その模様を
はっきりと
見ていました
おおっ
滑るような
着水や！
島人達は
伝馬船に飛び乗って
救助に向かいました
しっかい
せい！
正也が救助されると
麻生機は海面に
消えていきました
まるで映画のシーンを
観ているようだったと
島人達は供述しています
ばんざあ〜い！
兵隊さん
ばんざあ〜い！

島人達が手放しで感激したのには理由があります
この日から遡ることわずか21日前のことです
第29振武隊の柴崎《しばざき》少尉もトラブルのためこの島の近海に不時着したのでした
ザザッ
柴崎少尉は運悪く島民が近づかない海岸側に着水し
不時着のショックで意識を失いました
気づくと飛行服に火が燃え移っていました
はっ…!
なんとか機から脱出し三日三晩誰にも発見されず
大火傷を負い岩の滴をすすりながら助けを待っていました
…くく
そこへ釣りに来た少年二人が発見しました
うわあっ!
兵隊さんだ!?

一人が集落に走り
おれ人呼んで来るっ!!
一人はあくち（木苺の一種）を採って来て口に押しこみました
兵隊さん食べて！
二人の少年の機知によって助け出された柴崎少尉は安方家に運ばれて介抱されました
この島には病院はおろか薬すらありませんでした
この安方家に
次男の克己が東京の大学を出て母の元へ帰っていて島人達から何かと頼りにされていました
うわっ
この軍人さんひどいなぁ～
こりゃ病院に行かんと助からんぞ…
島人達は柴崎少尉のために戦時下で貴重な馬を殺してその肉で傷口を冷やし油を傷口に塗りました

無事助けられた正也は村長の所に行きました
自分は第24振武隊の麻生少尉でありますっ エンジン故障のため不時着しました！
——なので直ちに知覧基地に戻り再出撃せねばなりません 誰か船を出して自分を基地まで運ぶことを熱望致します！
しかし村長を始め村人達は困惑します
村には船もないし漕ぎ手の若者達は戦争に駆り出されていませんでした
ここ大里《おおさと》集落の者達は集会を開きました
一致団結
片泊《かたどまり》集落にはまだ若者が残っとるけん頼んでみよか…
そうやな それしか方法はなか…
正也は安方家で瀕死の柴崎少尉と面会します
ああっ 柴崎少尉っ!!
…ああ 麻生少尉…
これはひどいな…
早く薬を処方せねば…

柴崎少尉は死んでしまう!!
早く早く!!一刻も早く基地に戻って薬を取って来ないと
しかし片泊集落からは何の返事もこず
イラ
イラ
イラ
ついに麻生は堪忍袋の緒が切れてしまいます
スッ
ギラッ
グサッ
今日本がどんな戦況下にあるか分かっとるのか!!
自分が基地に戻って再出撃し敵艦にあたって轟沈せねば日本は負けるのだっ!!
柴崎少尉もこのままだと死ぬぞ!!
早く船を出せっ!!
そこに居合わせた村人達は震えおののきうつむいてしまいました
しゅん…

あの～
すみません
ちょうどその時
片泊から
二人の村人達が
やって来ました
…俺ら片泊の
者やけど
くじで
決めて
来ました
よろしゅう….
えっ!?
あんたらが
漕ぎ手!?
他に若い者は
おらんとです
還暦です….
その時
村の長老が
正也の前に
にじり
寄りました
――なあ
兵隊さん
村人達も
戦っておるんでよ
生きる見込み
のなか海に
おら村人ちゃ出せん
人の命ちゃ一番大切な
もやんでなあ～
自分だけが
戦しちょると
思っちょれば
大間違いやんど
うっ
いつでも
お國に命を捧げるように
教育されていた正也にとって
この言葉は衝撃でした
ブブっ

ここで少し「忘れられた島・黒島」の説明をします 鹿児島県鹿児島郡三島村の「黒島」は日本の秘境百選の一つです
海抜622mの櫓岳《やぐらだけ》が山の裾野の海岸まで拡がりその裾野は断崖絶壁のまま黒潮が渦巻く東シナ海に直立しています
なので出入りする海岸は大里と片泊の二箇所しかありません
黒島
片泊
櫓岳
大里
この不便な島に住みつくにはよほど困った事情があったようです
平安末期壇ノ浦の戦いで平氏の落人が逃れて
住み着いたのが始まりと言われています
この島は米や麦も取れないのに海賊が糧を求めて上陸し女までも奪い取られました
更に更にここは台風の通り道で年に幾度も嵐が襲ってきました
ゴオーッ
そんな過酷な島の人々はお互いが助け合い団結して生き抜くしか術がなかったのです
だからあの一億玉砕の戦時下でも命を一番優先する考えだったのです

——麻生
もういいよ!
俺は聞いてられないよ…
柴崎が耐えかねたように呟きました
パタッ
ふうっ
短剣が倒れ正也も肩を落としました
この様子を隣の部屋で
安方克己が窺《うかが》っていました
村人達がいなくなると安方は正也の前に進み出ました
あのぉ〜
——自分が船を出します
さっそく明日の朝島を出ましょう
えっ!?
貴様本気かっ!?
はい!
おいは本気です麻生少尉の闘志に感激しました!
生きて渡れないかもしれませんがやるだけやってみましょう
8時にそっと船着場に来て下さい——
安方君!
頼んだぞ!!

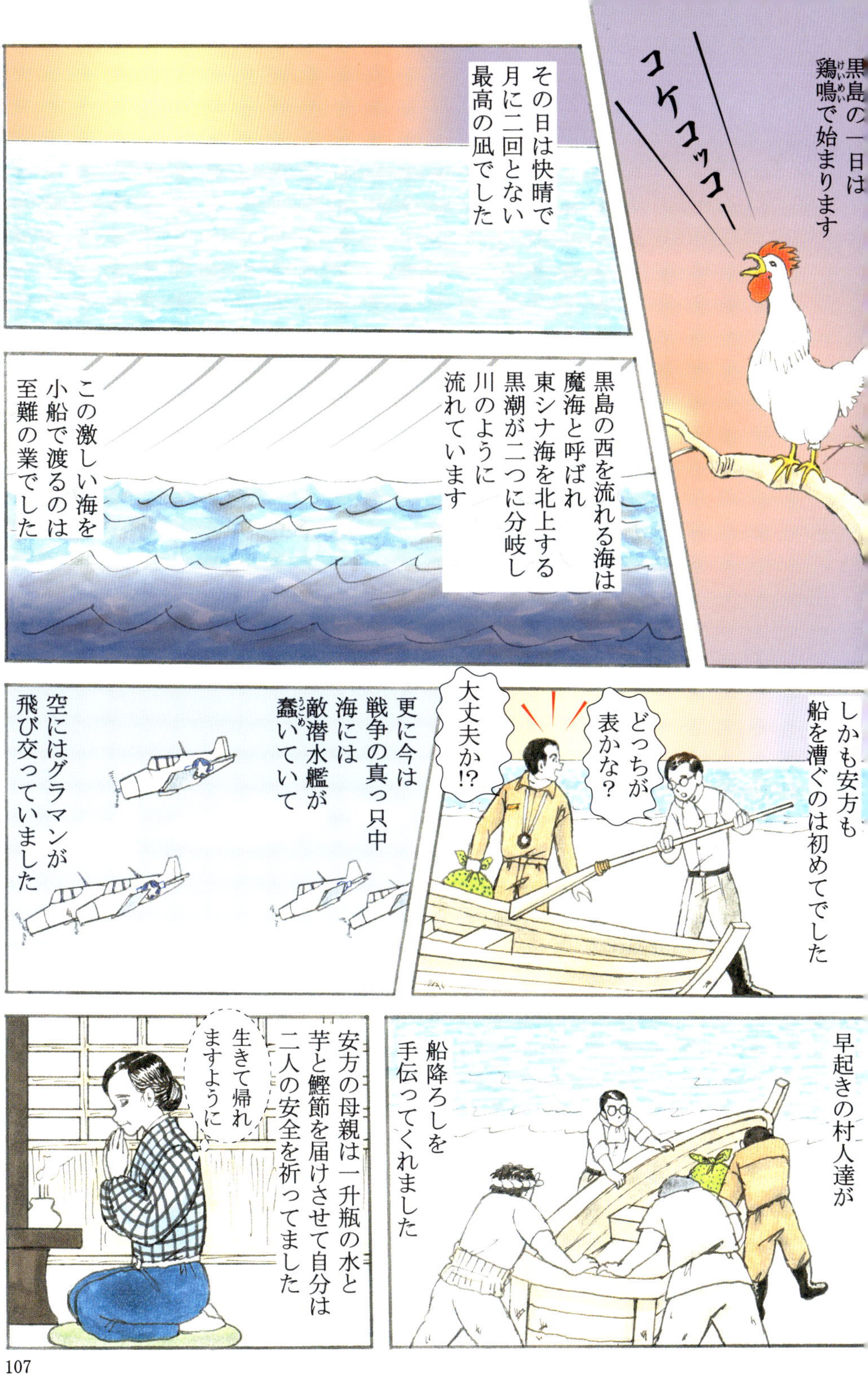

黒島の一日は
鶏鳴《けいめい》で始まります
コケコッコー
その日は快晴で
月に二回とない
最高の凪でした
黒島の西を流れる海は
魔海と呼ばれ
東シナ海を北上する
黒潮が二つに分岐し
川のように
流れています
この激しい海を
小船で渡るのは
至難の業でした
しかも安方も
船を漕ぐのは初めてでした
どっちが
表かな?
大丈夫か!?
更に今は
戦争の真っ只中
海には
敵潜水艦が
蠢《うごめ》いていて
空にはグラマンが
飛び交っていました
早起きの村人達が
船降ろしを
手伝ってくれました
安方の母親は一升瓶の水と
芋と鰹節を届けさせて自分は
二人の安全を祈ってました
生きて帰れ
ますように

行ったきもんでさあ～
お世話になりました～
村人達は「上る鎮台《ちんだい》」を歌って見送ってくれました
上る鎮台さんな～早う上らせてあとの下りをオハラ～まつがよい
えっ!? 葬送曲かよ!
これは二度と会えない人に送る別れ歌だったのです
島人達は二人が無事生きて渡航できるとは到底思えなかったのです
さあ～鹿児島に向けていよいよ出帆です!
正也は柴崎機の残骸から取り出した羅針盤を頼りに方向を定めました
しかし小船は北へ北へと流されてしまい途中で漕ぎ手を正也とも交代しましたがまったく船は前に進みませんでした
彼は空では優秀なパイロットでしたが海は苦手な様でした
すまん…

――しかし安方君は
命の保障がないのによく引き受けてくれたなあ
――自分には黒島の人々の考えがよくわかります
黒島では人の命を一番大切にするのです
でも自分は東京に居たので本土の事も分かります
麻生少尉の祖国を思う情熱が胸を打ちました！
島では私以外に適任者はいないと思ったのです
――もし無事に基地に辿り着いたらさ
司令部に君を表彰するように申請するよ！
…いえいえ
表彰なんてとんでもありませんよ！
それからも安方は漕ぎ続け
あっという間に夜の帳《とばり》は下りました
キコ
キク
二人はすぐ深い眠りに落ち波のままに流されました
ここ黒島沖で遭難すると対馬海流に乗り中国東北部か韓国に流れ着くのです

――夜が明けると
北に
枕崎の灯台が
見えました
ギャア
ギャア
ばんざ〜い
ばんざ〜い
と叫んでいました
――余談ですが
枕崎は鑑真《がんじん》が中国から
漂流した地です
突然
大きな
イルカが
現れて
わおっ！
船を
護衛するか
のように
ついて
来ました
正也はご丁寧に
イルカにまで
挙手して
いました
イルカの
祝いだ！
しかし
突然雲が湧き出して
雨が降り始めました
モク
とたんに
潮の流れも変わり
黒い潮が
渦を巻き始め
魔の海と化して
しまいました

や、やばい!
このままだと中国に流されるぞ!
安方は精魂の限りを尽くして漕ぎました
ブ～て
正也に必死で軍歌を歌って安方を励ましました
ハハ…麻生少尉は音痴だな…
♪貴様と俺とはぁ～同期の桜同じ兵学校の庭に咲くぅ
咲いた花なら散るのは覚悟みごと散りましょう～國のため～♪
安方の手にはまめが出来てつぶれて血だらけでした
正也は船に溜まった水を懸命にかき出していました
——考えてみれば不思議な光景です特攻で死に往こうとする人が生きようと必死になっていたのですから
もちろん自分のためではなく大火傷を負った柴崎少尉のためでありまた祖国のためでもあったわけですが…

このまま
流されると
お陀仏だぞっ
頑張れっ!!
はいっ!
視界は
まったく
利かず
安方はもう
死に物狂いで
漕ぎ続けました
そして
ついに岩に
ぶちあたり——
ゴリッ
開聞岳の
ふもとの入り江に
辿り着きました
夕方の6時でした——
本土に
帰還したぞ!!
二人は
揺れない大地に
横たわり
この奇跡の生還を
満喫しました
手漕ぎの小船で
辿り着いた
80キロ30時間の
過酷な船旅でした——
ザザッ

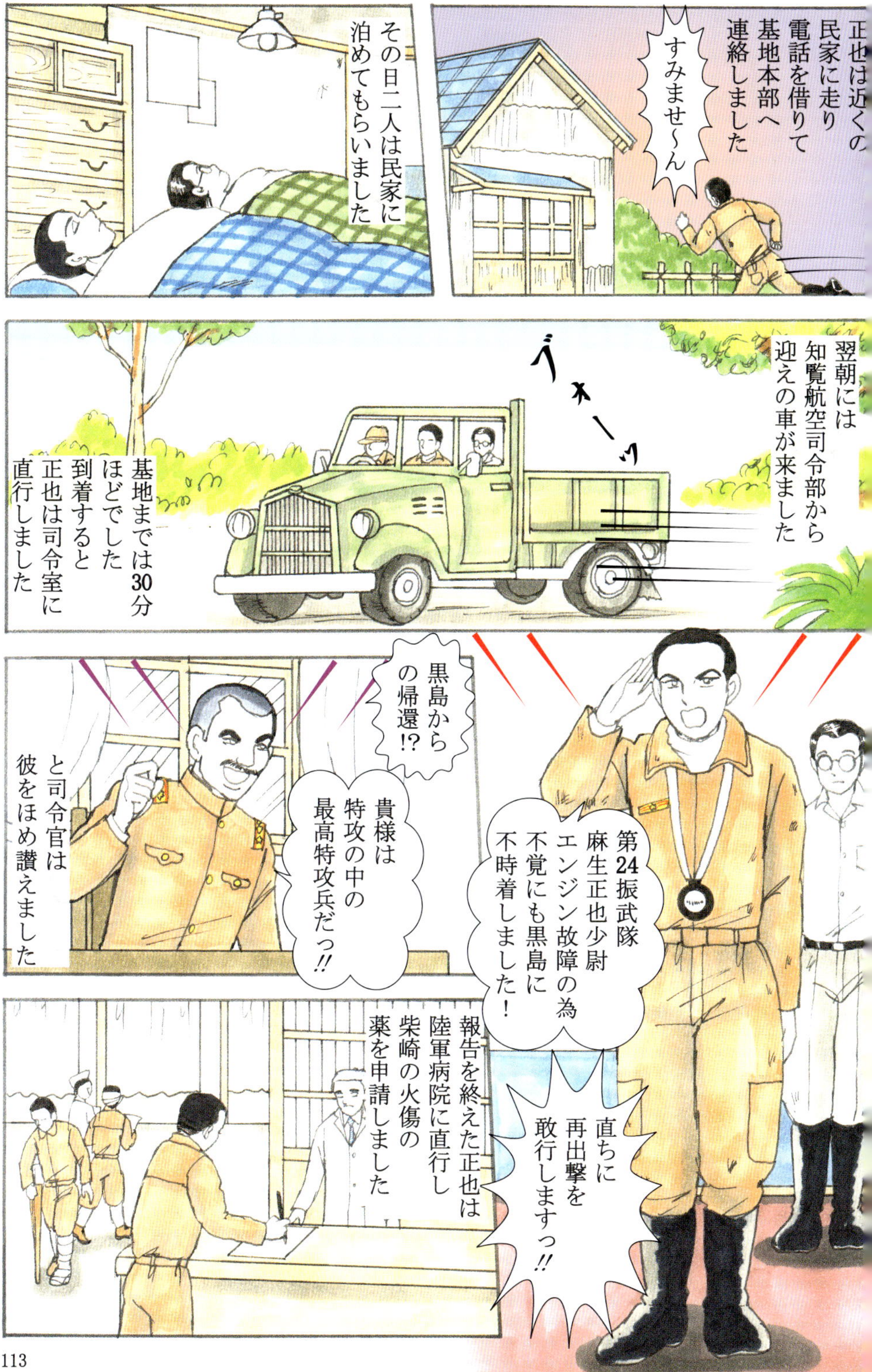

正也は近くの民家に走り電話を借りて基地本部へ連絡しました
すみませ〜ん
その日二人は民家に泊めてもらいました
翌朝には知覧航空司令部から迎えの車が来ました
ブォーッ
基地までは30分ほどでした到着すると正也は司令室に直行しました
第24振武隊麻生正也少尉エンジン故障の為不覚にも黒島に不時着しました！
直ちに再出撃を敢行しますっ!!
黒島からの帰還!?
貴様は特攻の中の最高特攻兵だっ!!
と司令官は彼をほめ讃えました
報告を終えた正也は陸軍病院に直行し柴崎の火傷の薬を申請しました

――その後安方は将校食堂でご馳走にあやかりました
わあっ
白米に特級酒だっ！
沢山食べて下さい！
酒
安方は思わぬご馳走に飛びつきましたが正也は箸が進みませんでした
がつ
がつ
黒島で臥《ふ》している柴崎少尉のことを思っているのでしょうか
――その夜安方は特攻兵達の宿舎である三角兵舎に泊まりました
おそらく彼は三角兵舎に泊まった初めての民間人でしょう
翌日は正也が安方を知覧の町へ案内してくれました
ブォーッ
あれが指宿海岸だよ！
おおっ
――知覧の別名は「薩摩の小京都」と呼ばれています

わあっ
ここが鹿児島の特産品である知覧茶の茶畑です——
ここはかの有名な武家屋敷です
侍が出てきそうですね
それは戦時下ということも忘れてしまうくらいのつかの間の楽しいひとときでした
がね
漬物
さつま汁
豚汁
天丼
かつ丼
茶づけ
そば
うどん
その観光の後は安方は軍指定の旅館に泊めてもらうことになりました
内村旅館
この旅館でどうぞゆっくりお休み下さい
軍にはあなたに感謝状を出すように申請しましたから——
——いえいえ
私はただ麻生少尉の情熱に打たれただけですよ

——安方さん あなたは僕のために かけがえのない 大切な命を 懸けてくれました
島の人達にも どうぞ自分の 感謝の気持ちを 伝えて下さい——
柴崎少尉には 必ず火傷の 薬を届けます！
再出撃では 必ずや敵艦を 轟沈《ごうちん》します！
どうか安方さんは 長生きして下さい——
自分の分まで…
……
正也の 純なまっすぐな瞳に 安方は言葉が つまってしまいました
これは 形見です——
大事にして やって下さい
サッ
——では お達者で…
麻生少尉……
これが 安方が正也を 見た最後の 姿でした——

昭和20年5月初旬 黒島――
当時ここはラジオも無線もなく情報がまったく遮断された孤島でした
――麻生少尉
――安方克己君
どうぞ安らかにお眠り下さい
南無…
やっぱりあの小船で魔海を渡るのは無謀やったな…
なあ…麻生少尉が聞く耳持たんかったから仕方なかよ
可哀想なんは克己よな…
んだんだ
軍人さんは時として強引やからな…
一方安方の母親は――
克己はきっと生きとる
私にはなんとなくわかるの…
きっと麻生少尉も生きていらして柴崎少尉のお薬を届けて下さるんだわ…

ゴオーッ
きゃあっ
空襲かしらっ!?
はっ
――あれはあの音は麻生だっ!!
麻生だっ!!
がばっ
ええっ!
爆音でわかるんですか!?
ゴオーッ

ブオーッ

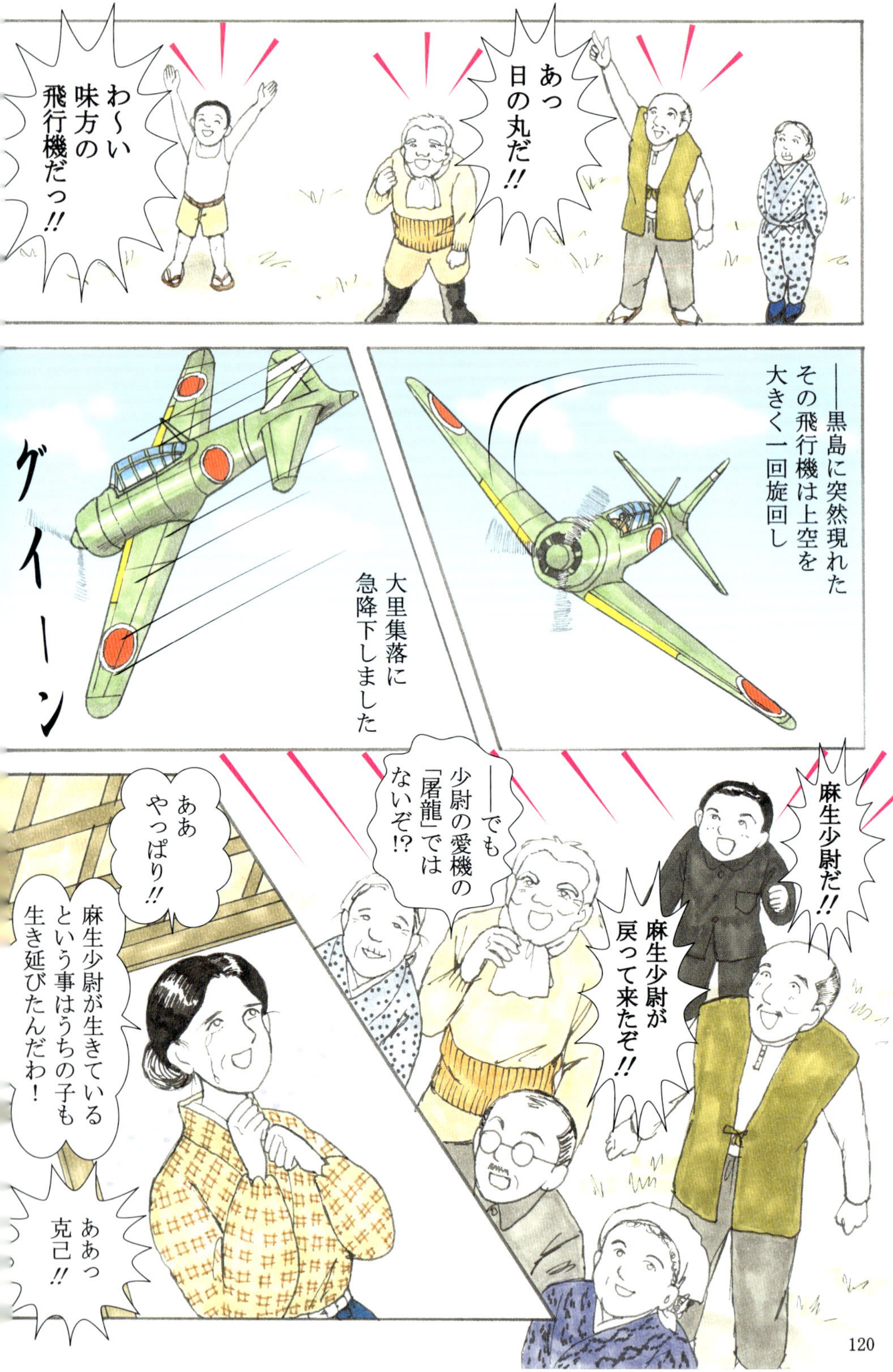

あっ 日の丸だ!!
わ〜い 味方の 飛行機だっ!!
——黒島に突然現れた その飛行機は上空を 大きく一回旋回し
大里集落に 急降下しました
グイーン
麻生少尉だ!!
麻生少尉が 戻って来たぞ!!
——でも 少尉の愛機の 「屠龍」では ないぞ!?
ああ やっぱり!!
麻生少尉が生きている という事はうちの子も 生き延びたんだわ!
ああっ 克己!!

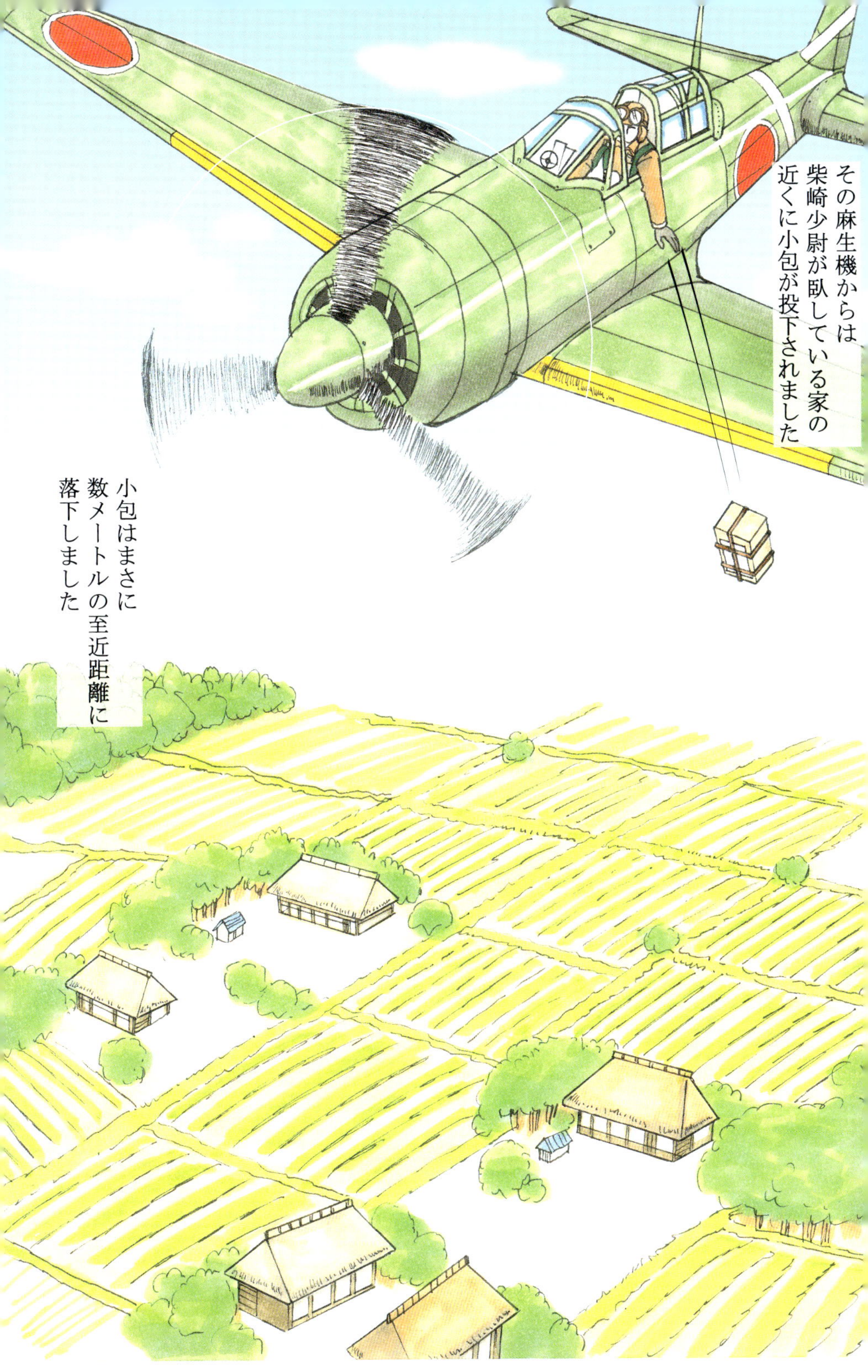
その麻生機からは
柴崎少尉が臥している家の
近くに小包が投下されました
小包はまさに
数メートルの至近距離に
落下しました

大里集落に落下した小包には「柴崎少尉へ」と書かれていました
柴崎少尉へ
村人達がそれを恐る恐る開けると――
おおっ
柴崎少尉の火傷薬やチョコレート、キャラメル、恩賜《おんし》タバコ、更に現金二百円が入っていました
すごい大金だっ!!
※当時大卒の初任給が50円の時代でした
麻生少尉だ!
そうだ!
柴崎少尉の火傷の事を知っているのは彼だけだ!
村人達は歓喜にわきました
なら、克己も生きてるぞ!!
わあーっ

柴崎少尉っ！
えっ!?
麻生少尉から火傷のお薬が届きましたよ！
麻生！
貴様はなんという奴だ！
お前の性格通りきちんと…
きちんと約束を守ってくれたんだな…
ううっ
自分は特攻で死に往くのにわざわざ島に立ち寄って俺には生きよ！と…
こんな俺には生きよ！と…
…俺はお前にどう恩返しをすればよいのだ…
わあっ
柴崎は薬を抱きしめて男泣きしました
——戦後柴崎はこの薬のおかげで生き延びて
生涯麻生や特攻兵の供養に努めました
麻生家
田中家

麻生機は三度目の旋回の後に片泊集落に小包を落としました
——ちょうど学生達が軍事演習を行っていてたくさんの人々がこの光景を目撃しました
陸軍の飛行機だ！
わー
わー
何か落ちたぞ！
わー
わあっ
キャラメルだっ!!
ゴォーッ
ありがと～
ありがと～
※あしたよなあ～
※黒島の方言でさよなら

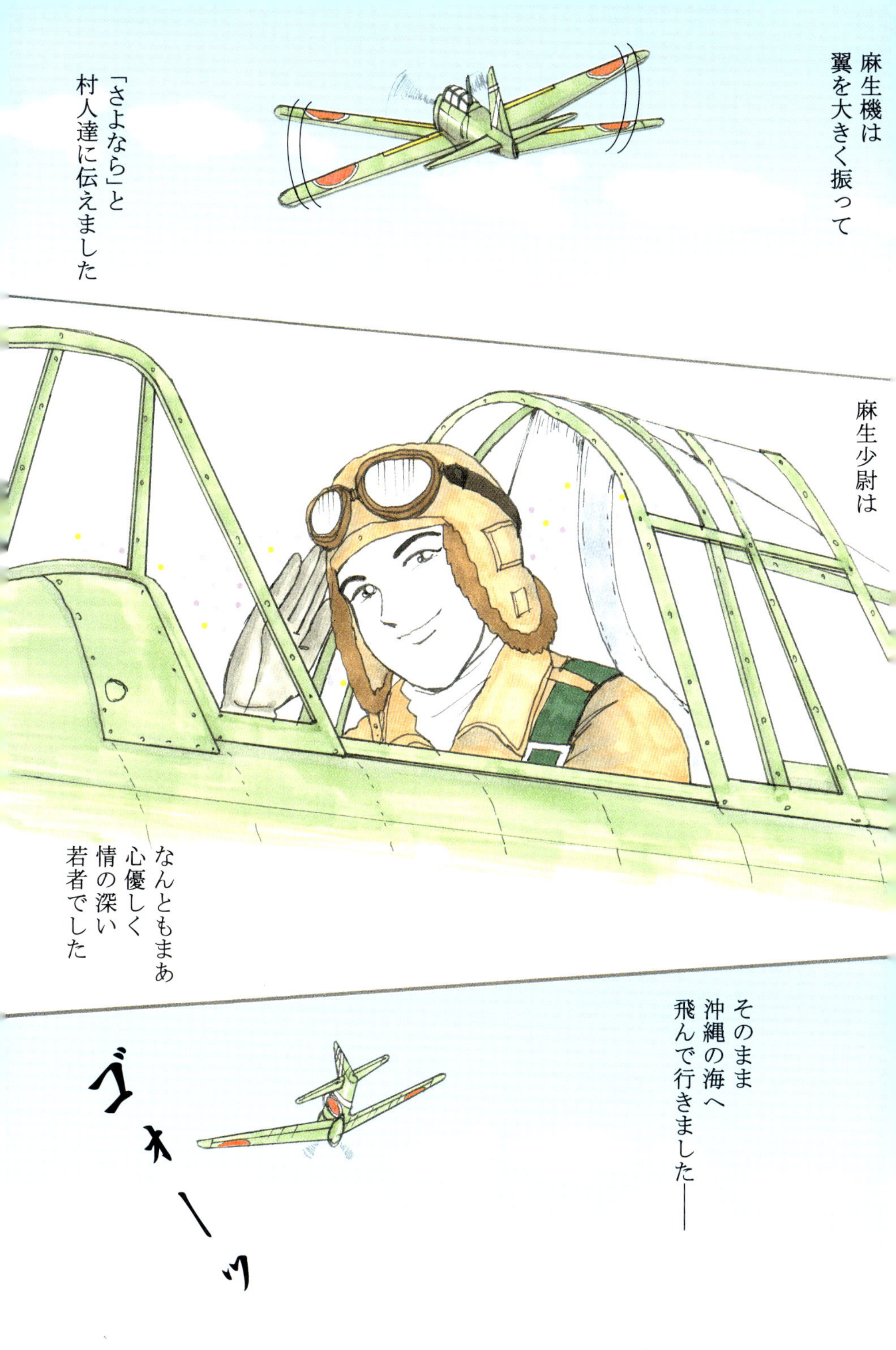
麻生機は
翼を大きく振って
「さよなら」と
村人達に伝えました
麻生少尉は
なんともまあ
心優しく
情の深い
若者でした
そのまま
沖縄の海へ
飛んで行きました——
ブォーッ

正也の願い通り
敵艦に体当たりしたのか
しなかったのか
その後の消息は不明です
度胸満点で
操縦の腕前も抜群なので
きっと敵艦を轟沈した
ことだと思います
…彼は
麻生少尉は
実に思いやりの
ある方でした
生きておられたら
さぞご立派になり
人のため世のために
尽くされたでしょう
いずれにしても
麻生少尉は
沖縄の海の
藻屑となって
消えました
本当に
残念でなりません
私もこの年になって
改めて無為に過ごした
年月を後悔しております
でも嘆いてばかりでは
あのご立派な麻生少尉に
顔向けができません——

平成16年5月
安方は私財を投じて正也の慰霊碑を黒島の小包が落下した地点に建立しました
戦後 長い長い間
安方を苦しめた胸の支《つか》えが少しおりた事でしょう
「悼《とう》」麻生正也大尉
祖国《くに》を憂《うれ》え
重傷《じゅうしょう》の戦友《とも》を按《あん》じ
邑人《むらびと》達の扶《たす》けと
天祐神助《てんゆうしんじょ》で
再び南溟《なんめい》に翔んだ
御霊《みたま》よ 永久《とこしえ》に
安らかに
安方克己拝
——麻生少尉
あなたは物だけでなくあなたのあふれる愛と思いやりをこの島人達に届けて下さいました
だから私達はあなたの事を誇りに思い永久に忘れません——
後世にあなたの事をずっとずっと語り継いでいく所存です！
現在も毎年黒島では麻生少尉の慰霊祭が行われています

陸軍特別攻撃隊·第二十四振部隊

振武
至誠通天
必死必中
篠原少尉
死通生
麻生少尉
神州不滅
福井少尉

これは
「第24振武隊」が
出撃前に書き残した
絶筆の血書です

正也は
「死通生」と
書きました

「死通生」の意味は
心身は元より
一つの幻である
幻であるから
死んだふりせずに
生きたり
死んだりしながら
常時不滅である――
という事です

その仏教の教え通り
正也は再び生まれ変わって
もうこの世に
生を受けているのでしょうか――
それとも
極楽浄土で
戦の絶えないこの世を
憂いているのでしょうか――

名も金も命も
何もいらぬ
唯皇國日本のため
この若き血潮を
捧げればそれでいい

第三話　特攻兵からの宅配便　終わり

第四話　特攻兵と黒島

平成16年5月
黒島――
鹿児島から
船で6時間余り
「忘れられた島」に
その日はたくさんの
人々がつめかけていた
テレビ・ラジオ
等の報道関係者も
多くかけつけていた
わい
わい
がや
がや
普段は決して
注目されることのない
何もない離島なのに…
わい
わい
二百人余りの
純朴そのものの
島民達も総出で
この式典に
協力してくれた…
柴崎《しばざき》…
みんなの力を
借りて
どうにかここまで
辿り着いたぞ

さあ～これより黒島特攻平和観音像建立の除幕式を行います
まずは私財を投じて建立された発起人で元特攻兵の江原《えはら》武彦《たけひこ》さん前へどうぞ！
わーっ
ぱちぱち
南九州市市長の霜田《しもだ》氏三島村村長の栗原《くりはら》氏元特攻兵の浜園《はまぞの》氏も前へどうぞ！
ぱちぱち
三つ数えたら綱を引いて下さい
それでは始めます――
いちにのさんっ！
パッ

素晴らしい！
おおっ
美しい！
え～次に
柴崎少尉を救った野いちご奉納を行います仲島《なかじま》彩里《あやり》さんお願いします——
ハイ！
黒島の空はこんなに澄んで蒼いのに
59年前にこの空の下で戦争が繰り広げられたなんて信じられません…
——あの戦いから59年柴崎の想いも含めて
やっと戦友達の観音像を建てたぞ！

今も南海に眠る若き戦友達よ
遅くなってごめんな！
どうぞ安らかに眠ってくれ――
私はこうして生き永らえてしまったが命ある限りおまえ等の慰霊に努めるからな…
かけがえのない幼なじみも往ってしまった…
河野《こうの》よ！
どうぞ安らかにとこしえに眠ってくれ――
河野…

昭和16年 日米開戦の年―― 私、江原武彦は どこにでもいる 普通の高校生だった
武蔵野映画館
ラムール
幼なじみの 河野と 新宿で映画を 観ていた――
この頃はまだ 娯楽を楽しめたのだ
「ラムール」とかいう映画だった
主演女優の 美しさに 息を呑んだ
また主題歌が 何とも言えぬ もの悲しい ワルツの 美しい旋律で
私は映画の世界に 魅了されていた
喫茶
楓
いやぁ～
主人公は きれいな人 だったなあ
うん！
この世の者とは 思えないよなぁ～

♪
ラムール～
君は今いづこ
異國をさまよう
愛しい君よ～
♪
バラの頬の
面影慕いて
ラムール～
なぜ君はここに
いないの～
♪
河野！おまえよく一度聴いただけで覚えられるなあ
うん！
おれさ音楽が何よりも好きなんだ
この曲をさ是非マンドリンで弾いてみたいんだよ
マ、マンダ・リン!?
ぷっ
マンドリン・だよ！
伊太利《イタリア》の楽器でさ琵琶みたいなやつだよ！
だからおれ明大に行ってマンドリン部に入りたいんだ！
——ふうん
おまえってやっぱり音楽の才能があるんだな…
う～ん
おれはこれといってやりたい事もないし
おまえが羨ましいよ…

だけどさ戦争が始まったら音楽なんかやってられなくなるな…
江原は海軍と陸軍どっちがいい?
そりゃあ海軍よ!
おれも!
海軍の制服の方がかっこいいしもてそうじゃん!
うん!おれは海軍で飛行機乗りになる!
おれも!飛行機乗りになって更に女にもてる!
またそれかよ!
わはは…
それから2年後――河野は思い通りに明大に進み
私は早大に進んだが――
明治大学
昭和18年神宮外苑で行われた学徒出陣に参加せざるをえなかった
ザーッ
その日は私の心模様のようなどしゃぶりの雨だった――

河野と私は海軍飛行14期予備学生として厳しい訓練を受けた（因みに14期が一番戦死者を多く出している）
海軍も厳しいじゃん！
ヒ〜ッ
昭和19年2月土浦霞ヶ浦海軍航空隊に入隊し、来る日も来る日も厳しい訓練を受けた
河野〜
おまえの担当決まったか？
おれはもちろん航法よ！おまえは？
おれは偵察だよ
ふうん
操縦はしないのか…
ここで面白いことに山本《やまもと》五十六《いそろく》元帥が考案した易者鑑定があり
・通信
・航法
・偵察
のどれに適するかふり分けられた
河野！おれ達は死ぬ時は一緒だ頑張ろうな！
おうっ！
江原と一緒なら心強いな！
昭和19年6月私達は静岡県の大井海軍航空隊に赴任した
バババッ・・・
夢にまで見た憧れの初飛行機は「白菊」という練習機だった

ババッ・・・
おおっ富士山だっ！
ババッ・・・
戦争がなければここは天國なのになあ…
ババッ・・・
ババッ・・・
やっぱ飛行機乗りはいいな！
うん！
昭和20年私達は茨城県の百里《ひゃくり》原《はら》海軍航空隊に転属した
戦局はいよいよ悪化の一途を辿り「**菊水作戦**」と名づけられたあの

河野と私は搭乗員になってわずか一年余りで特攻要員に指名されてしまった
通常一人前の搭乗員になるには最低でも三百時間の訓練が必要なのだが燃料も乏しく私達は百時間も乗っていなかった——
来る日も来る日もひたすら突っ込む練習だけをやらされた
そんな中で指名があれば
出撃して死ぬ——という日を待つばかりだった
私は軍人になったからには当然死を覚悟していたが内心は不安で一杯で平常心を保つのに努力がいった
♪
ラムール～
河野
河野はというとこいつはいつも朗らかで少しも翳りがなかった
昭和20年4月12日——ついに河野の出撃が決まった
ブルルル…
河野…
江原

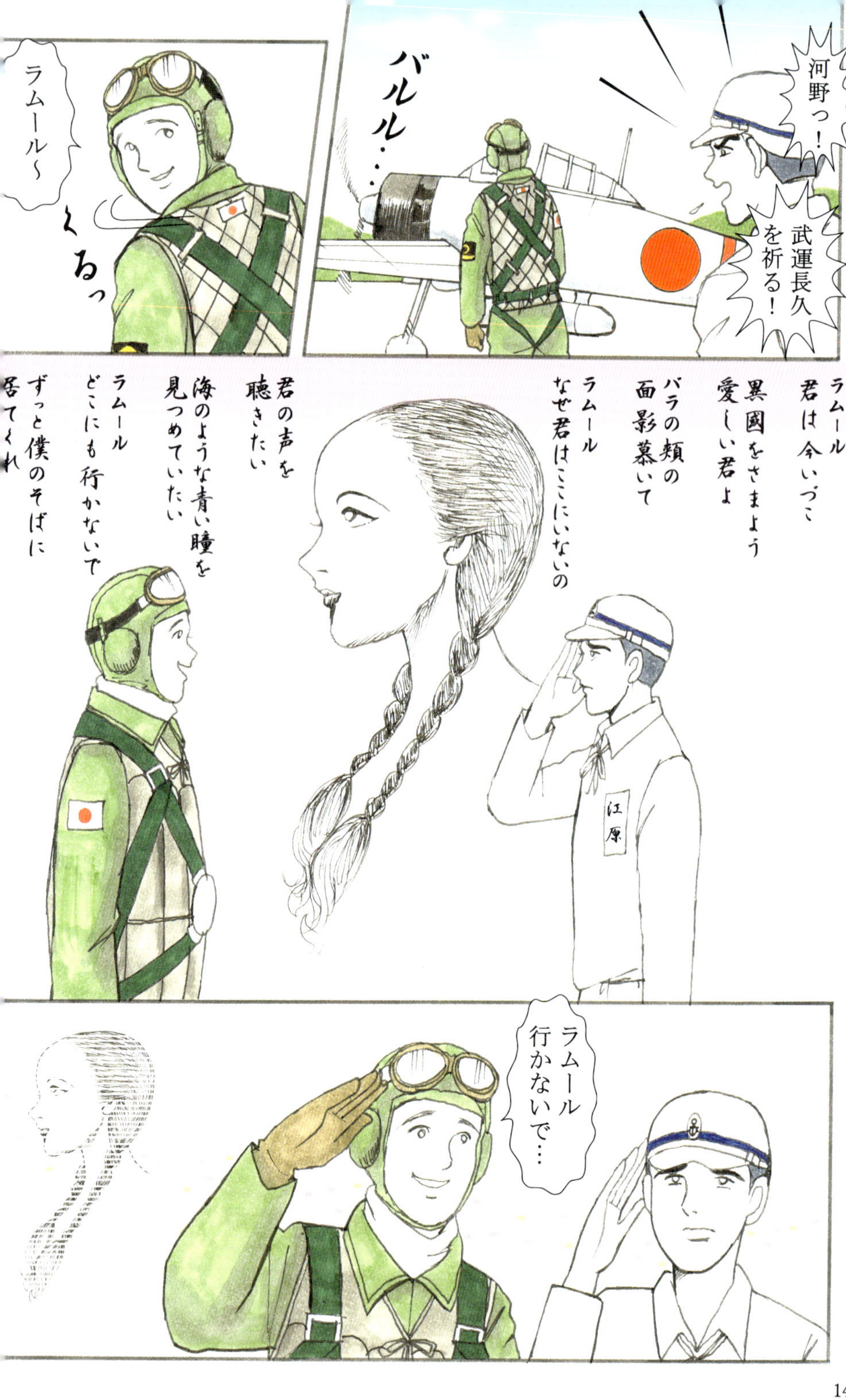
河野っ！
武運長久を祈る！
バルル…
くるっ
ラムール〜
ラムール
君は今いづこ
異國をさまよう
愛しい君よ
バラの頬の
面影慕いて
ラムール
なぜ君はここにいないの
君の声を
聴きたい
海のような青い瞳を
見つめていたい
ラムール
どこにも行かないで
ずっと僕のそばに
居てくれ
江原
ラムール
行かないで…

わが友
河野よ！
行かないで
くれっ！
最後の最後まで
陽気で朗らかな
河野は——
ババババッ…
内心の葛藤を
少しも見せずに
往ってしまった
わーっ
ただ音楽と映画を
こよなく愛する
純なやつなのに…
わーっ
今私の目の前から
消えてしまった——
わーっ
私も彼のように
落ち着いて
いられるだろうか…

その頃の私は（21歳）
九七式艦上爆撃機
（三人乗り）
の機長に任命された
部下は二人で
操縦員は
梅田《うめだ》満《みつる》二飛曹（20歳）
鹿児島出身の
豪傑で
大柄な男だ
もう一人は電信員で
前本《まえもと》長明《ながあき》二飛曹（18歳）
愛知県出身で小柄だが
やはり熱血漢だ
二人共予科練出身で
「お國のために――」が
口癖の純粋まっすぐな青年だ
彼等と比べて
なまじ大学に
行った私は
やれ
ヘーゲルだ
カントだ
とか言って
自分の死を簡単に
受け入れる事が
難しかった
ホーッ
そんな部下達と
いつも通り
練習を終えて
基地に戻ると――

戦友が
かけ寄って来た
ダダッ
江原
おめでとうっ!
!?
見ると
爆
江原武彦
今井勝一
艦
梅田満
手島三蔵
前本昌俺
田中五
特攻編成の告知板に
自分の名がしっかりと
刻まれていた——
ガーン
血の気が
さっと引いた
ついに
自分の番が
やって来た
足が震えた
おまえ等を
「正気《せいき》隊」に
任命する!
串良《くしら》基地に
進出して
特攻作戦に
参加して
もらうぞ!
はいっ!!
こうして
私の畏れを
よそに
私達
第一正気隊は
鹿児島県の
串良基地に
進出した——

出撃の前日に
髪と爪を切って
遺品にし
自分の短い半生を
振り返ってみた
敬愛する
父と母に
無性に
会いた
かった
選ばれた者の誇りがあり
選ばれなければよかった
――という葛藤が
あったが選ばれた誇りで
葛藤を埋めた
國や軍に対して
恨みはなかったが
この若い命を
むざむざ捨てるのは
惜しいと思った
様々な想いが
溢れ出てどうにも
眠れなかった――
4月28日
ついに出撃の
朝を迎えた――
バルル…
つまり
私達の
死出の旅立ち
隊長！
突っ込む時は
笑って
死にましょう！
前本…
ニコニコ

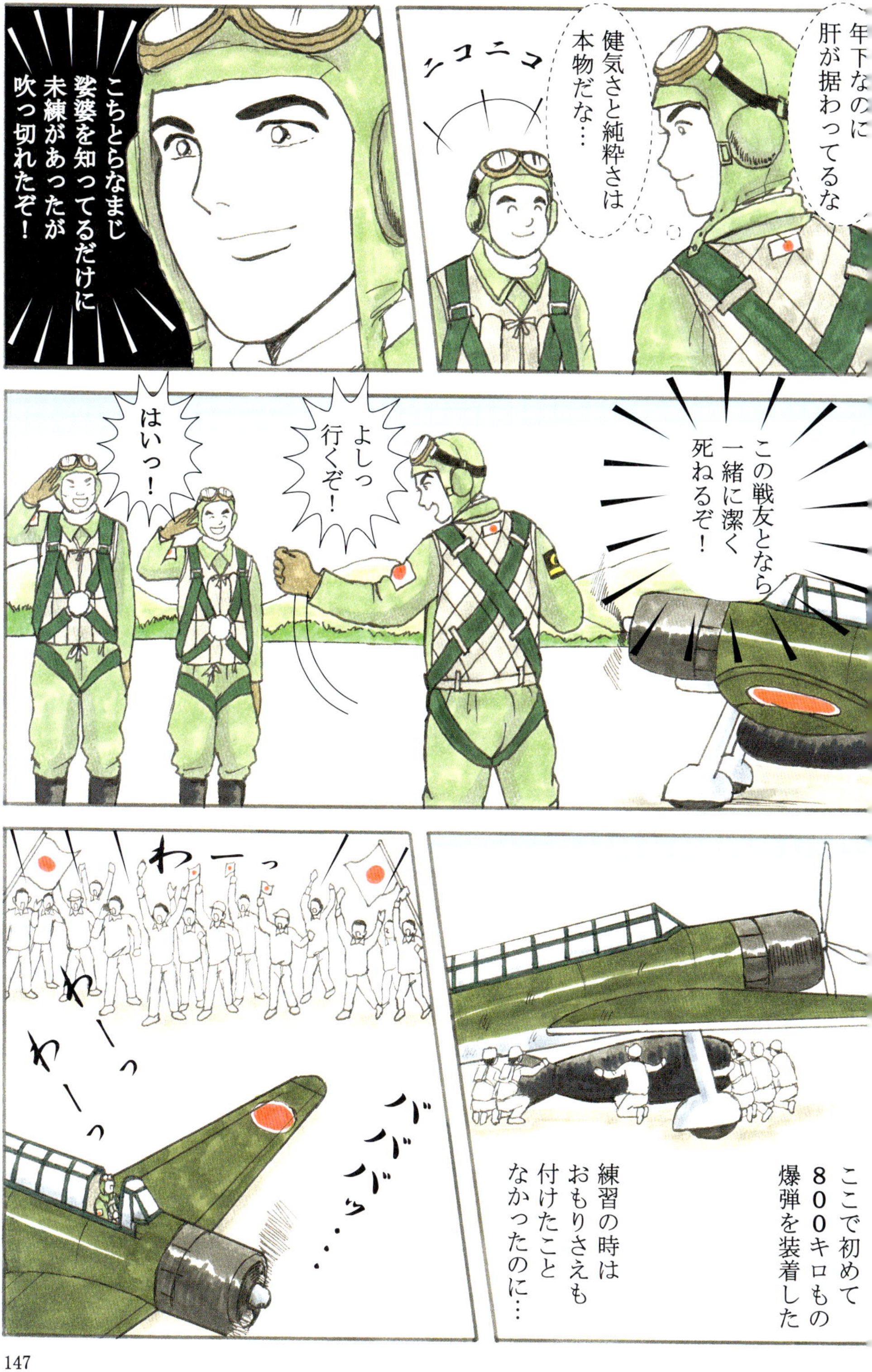
年下なのに肝が据わってるな
健気さと純粋さは本物だな…
ニコニコ
こちとらなまじ娑婆を知ってるだけに未練があったが吹っ切れたぞ！
この戦友となら一緒に潔く死ねるぞ！
よしっ行くぞ！
はいっ！
ここで初めて800キロもの爆弾を装着した
練習の時はおもりさえも付けたことなかったのに…
わーっ
わーっ
わーっ
ババババ…

出撃してすぐにエンジントラブルが起きた
ブス
ブス
爆弾の重さに古い九七式が耐え切れなかったのだ
隊長！
エンジンの調子がおかしいです！どうしますか？
やむをえん近くの基地にひとまず着陸だ
はいっ…
ブス
ブス
隊長である私の判断で800キロの爆弾を抱えたまま
陸軍の知覧基地へ無理やり着陸した

キキッ
梅田の操縦技量は確かなものだった
ふうっ
しかし私達は司令室に呼ばれ――
おまえらはこの基地を破壊に来たのかっ!!
すみませんっ
すみません
どやされた
海軍の私はこの時初めて陸軍の基地に足を踏み入れたが
隊員達はとても親切であれこれ面倒を見てくれた食事もうまかった
司令室
あ、はいっ…
まあ一休みして行けよ!
いいなあ～
ここでは驚くことに女性も働いていた
――その後は直ちに海軍の串良基地へ戻った

戻って数日後――
「第三正気隊」として
出撃が決まった
五月十一日
第三正気隊
江原武彦
梅田満
前本長明
はあ〜っ
二回目のこととはいえ
気持ちは混乱して
ますます
眠れなかった
そんな中
心の支えとなったのは
やはり梅田と前本だった
隊長！
明日こそは
やりましょうね！
今度こそは
敵艦に突っ込み
ましょう！
うんうん
そうだな…
5月11日
再出撃の日を迎えた――
バルル…
わー
わー
わー
ゴォー

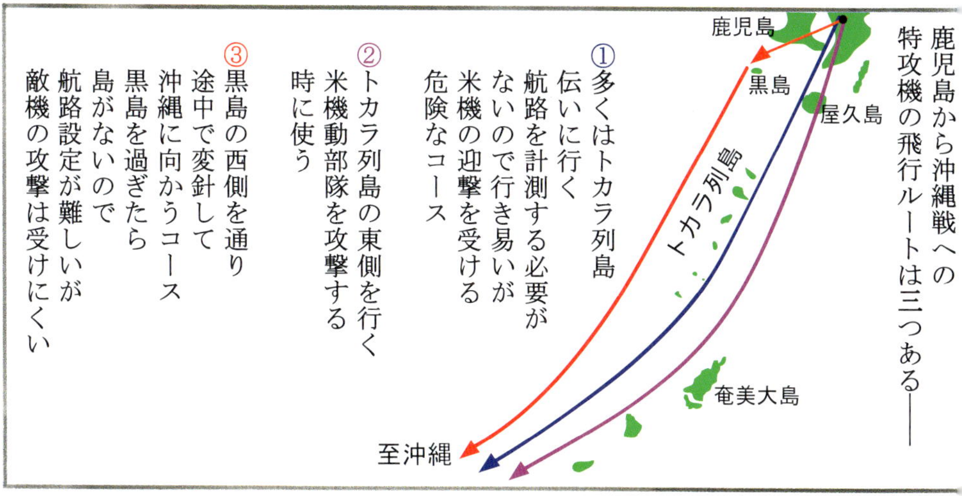
鹿児島から沖縄戦への特攻機の飛行ルートは三つある——
鹿児島
黒島
屋久島
トカラ列島
奄美大島
至沖縄
①多くはトカラ列島伝いに行く航路を計測する必要がないので行き易いが米機の迎撃を受ける危険なコース
②トカラ列島の東側を行く米機動部隊を攻撃する時に使う
③黒島の西側を通り途中で変針して沖縄に向かうコース黒島を過ぎたら島がないので航路設定が難しいが敵機の攻撃は受けにくい

今回私は③のコースで沖縄に向かった
ゴォーッ
しばらくすると——
隊長っ!
またエンジン不調ですっ! どうしますか!?
ちっ!
またかよ!
もうしばらく飛ぼう——
ブス
ブス

ガタ
ガタ
だめだこりゃ…
仕方ない
爆弾を捨てるぞ!
はいっ!
800キロの爆弾を投棄するためには
高度800mまで上げなければ
エンジン不調のためやむをえず高度650mで投棄した
機が数メートル浮いた——
前方には黒島が見えた
しかし——
この島は断崖絶壁で平地がないため
海面に着陸を試みた

頭からだと
つんのめるので
ドーンッ
尻から
突っ込んだ――
その時の衝撃で
プロペラが
内側に曲がった
梅田は顔面を
しこたまぶつけた
うう…
私は機外へ
飛び出して
大慌てで
風防から
大男の梅田を
引きずり出した
数分で機体は
沈んでしまうからだ

いちにのさんっ！
三つ数えて海に飛び込み――
ザザッ
一分ほどで機体は水没した
一キロ位先に島が見えたが潮の流れがとても速かった
ゴォ～ッ
――が梅田が漁師の倅で
潮の流れを的確に読んでくれた
こっちです！
なんとか三人で島まで泳ぎついて上陸した
ハァ
ハァ
ハァ
ハァ
大丈夫ですか？

鹿児島県・黒島の
名の由来は
全島に樹林が覆い
黒く見えることから
黒島――と名付けられた
砂浜もなく
坂だらけの
何もない島だ
黒島には
大里と片泊の
二つの集落が
あるだけだった
当時島民は
500名
ほど居たが
片泊
大里
若い男達は
出征していて
年寄りと女性
しかいなかった
通信手段はまるでなく
本島と繋ぐ連絡舟も
軍に接収されていて
交通手段もなかった
お疲れ様でございます
更にここには
病院はおろか
警察もなかった
私はこの女ばかりの島で
自戒もこめて部下達に
はいっ!!
女性には平等に接するように!
――と訓示した
島人の計らいで
私は安方邸に
寄宿することになり
そこに
行くと――

なんと先に不時着した
陸軍の柴崎少尉が
全身大火傷の重傷で
伏せていた――
ああっ
柴崎少尉っ!!
ああ…
彼は私より前の
4月13日に
知覧から
出撃していたのだ
やはり
エンジン不調から
この島の荒磯に
胴体着陸し
瀕死のところを
島人に
発見された
のだった
病院も薬もない
この地で島人達は
懸命の看病をした
特に乙女会という
若い娘達が親身だった
柴崎少尉は
一時危篤に陥り
島人は彼の死を
覚悟していた
ハア
ハア
柴崎少尉…
しかし
乙女会の娘達は
諦めなかった
雨の中山に入って
野いちごを集めた
娘がその野いちごを
柴崎少尉の口に含むと――
なんと
彼は息を吹き返した
のだった!
黒島の
ふしぎな野いちごが
彼の命をつないだので、

黒島は昔から米が取れず
さつま芋が主食だったが
戦時下で
それすら
事欠いていたのに
島人達は自分達の分を削って
私達に分け与えてくれた
特に日高《ひだか》ゆき江《え》さんは
母親のようによく
面倒を見てくれた
ほれ 兵隊さん
遠慮せんで 食べれ！
物のない戦時下にあって
ゆき江さん ありがとう！
柴崎少尉も私達も
島民達の純朴な優しさに
どれだけ慰められたか
わからない――
江原…
島の…
島の防衛を 頼む…
島人を 守ってくれ…
よしっ わかった！
おまえは 心配するな！
柴崎少尉は
病の床についていても
軍人魂を燃やしていた

私は二人の部下達に
大里と片泊集落の
護衛にそれぞれ
あたらせて
空襲がない時には
農作業を手伝ったり
夜釣りをしたりした
キーンッ
黒島の上空が
特攻機の飛行経路なので
毎日軍歌を歌いながら
特攻機を見送った
ぶんぶん荒鷲ぶんと飛ぶぞ
隊長っ！
早く内地へ戻らないと間に合いませんよっ！
血気盛んな
梅田が
詰め寄ったが
内地へ戻る
交通手段は
まるでなく
どうすることも
出来なかった
柴崎少尉と私は
村の長老も交えて
「敵がこの島に上陸したら
どうするか——」
を来る日も来る日も
話し合った

ゴオーッ
ブス
ブスッ
むむっ…
キ〜ンッ
バルルッ…

キーンッ
私達が不時着してから一ヵ月後の6月12日――
バシャッ
今度は陸軍特操二期の中山《なかやま》憲太郎《けんたろう》が片泊に不時着した
大丈夫かっ!?
これで柴崎少尉・中山と私達三人の計五人が戦争まっ只中の黒島に取り残された
私達よりも少し前に陸軍の麻生《あそう》少尉も黒島に不時着したが彼は内地へ奇跡の生還を果たし再び特攻で往ってしまった
その他にもこの島には特攻兵の遺体が何体か流れ着いたことがあり特攻とは縁の深い島である――

上陸してから
無駄に時間が
過ぎていって
さすがに
私も焦っていたが
どうすることも
できずにいた
ある日
海を眺めていると
はっ
航跡を立てて
船が近づいて来た
商船上陸かと
島民達は
山へ逃げた
わー
わー
きゃー
わー
柴崎少尉に伝えると
おれは
動かない
彼は自決するつもり
だったのだろう
私も腹をくくって
彼の側に居る
ことにした
ところが
その小型船から
日章旗がぱっと上がった
陸軍のマルユ10号艇
という暁部隊の
輸送潜水航艇だった

マルユの松岡《まつおか》中尉艇長が下船された
これから沖縄作戦に行くので夜まで上陸したい——
はっ!
松岡中尉の部下10人余りが上陸し
洗濯したり風呂に入ったり
松岡中尉!
先に不時着した陸軍の柴崎少尉が大火傷を負っています
彼だけでも内地の病院に連れて帰って貰えないでしょうか!
約束は出来ないが検討しよう
それまで代用品として使ってくれ——
ありがとうございます!
——と医薬品と食料品を
薬
薬
筍
桃缶
蜜柑
魚
そしてマルユは黒島を離れ戦場の沖縄に向かって行った
無事に戻れるのか戻れても島に寄ることが出来るのか——
見送る私達はなんとも複雑な気持ちだった——

黒島に不時着してから
はや二ヶ月が過ぎ——
私は軍人なのに何をやってるんだ
戦友達は命を賭して今も戦っているのに…
居ても立ってもいられなかったがなす術がなかった
そんな中7月30日にマルユが無事戻って来た
ドドッ
マルユが戻って来たぞっ！
わー
内地へ帰れるぞっ！
わー
兵隊さん良かったねぇ！
ゆき江さんが心から喜んでくれたが私は——
ゆき江さんお元気で——
うんうん兵隊さんもねぇ
これから戦場になるかもしれないこの島の人々を見捨てるようで心苦しかった

まず柴崎少尉を担架で運んだ
そして中山と私達三人の計五人がマルユに乗り込んだ
あしたよなら〜
あしたよなら〜
あしたよなら〜
島民達が総出で
一生涯 あなた方のご恩は忘れませんっ!
もしも この戦いで 生き延びたら 必ずまた 戻って来ます!
必ずや 戻って来ますからね〜っ
この厳しい戦時下で生きて帰れるとは思わなかったが
あしたよなら〜
あしたよなら〜
お世話になった島民達には せめて感謝の言葉

黒島の人々をけっして忘れません
生涯けっして
けっして——

マルユに乗船すると
島より食料が豊富だった
わあっ
がつ
がつ
私達は思わぬご馳走に飛びついた
ところがマルユは夜間水上を走り
※がぶること
がぶること！
わっ
うわっ
飛行機乗りの私達は潜水艦の激しい揺れにはただただまっ青！
うっ…
ううっ…
これなら島に残ってた方がよかった――
――とまで中山に言わしめた時化《しけ》の怖ろしさを思い知らされ

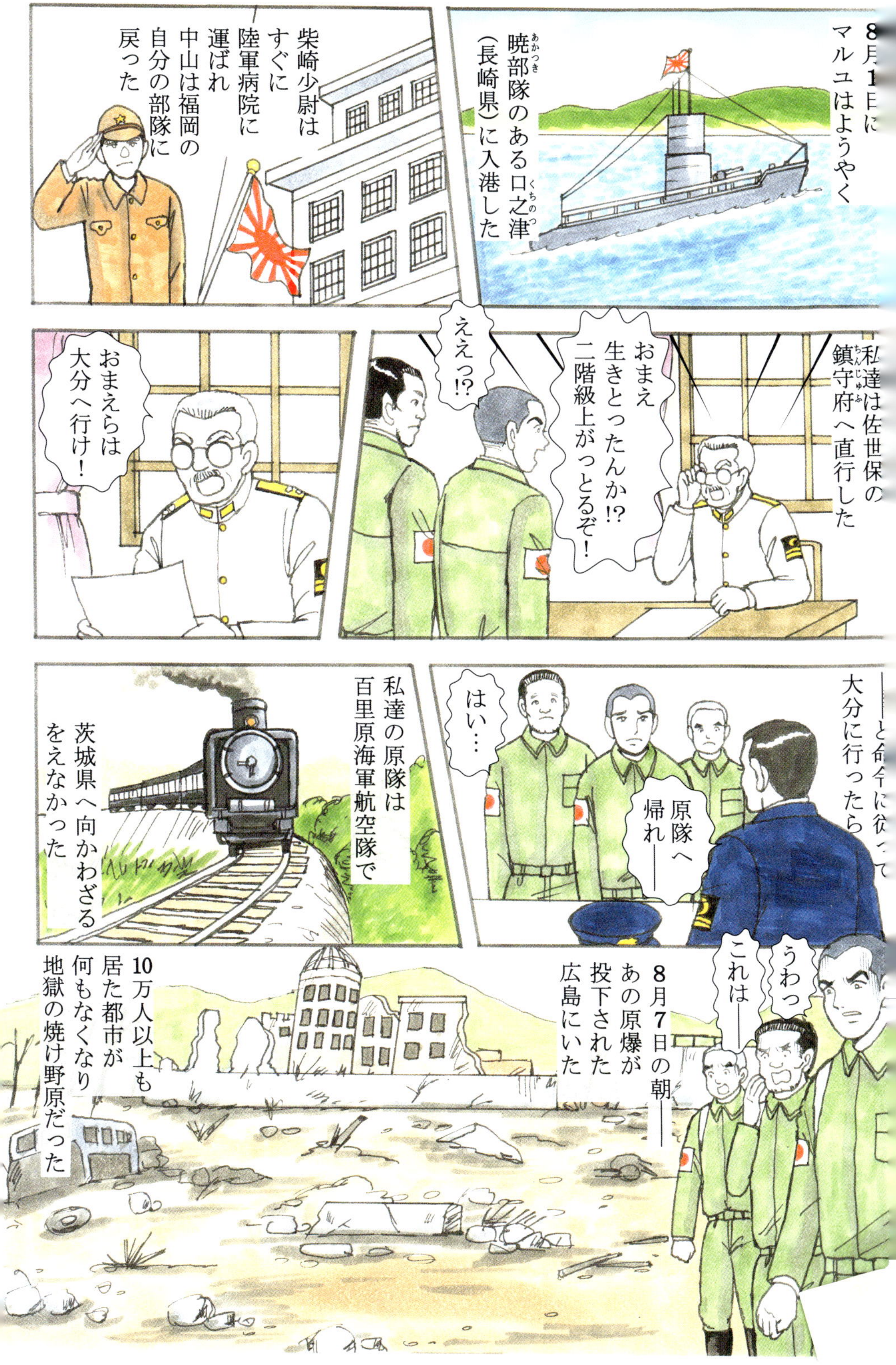
8月1日に
マルユはようやく
暁《あかつき》部隊のある口之津《くちのつ》
(長崎県)に入港した
柴崎少尉は
すぐに
陸軍病院に
運ばれ
中山は福岡の
自分の部隊に
戻った
私達は佐世保の
鎮守府《ちんじゅふ》へ直行した
おまえ
生きとったんか!?
二階級上がっとるぞ!
ええっ!?
おまえらは
大分へ行け!
——と命令に従って
大分に行ったら
原隊へ
帰れ——
はい…
私達の原隊は
百里原海軍航空隊で
茨城県へ向かわざる
をえなかった
うわっ
これは——
8月7日の朝——
あの原爆が
投下された
広島にいた
10万人以上も
居た都市が
何もなくなり
地獄の焼け野原だった

当然電車が
不通だったので
瓦礫の山の中を
ひたすら歩いた
時々遺体を
またぎながら…
この戦いは
もうだめだな…
——と
私達は身をもって
原爆の恐ろしさを
実感した
悲惨過ぎ
ますね…
なので
私はこの時に
被爆して
今も被爆手帳を
1192296
7803-6
被爆者健康手帳
江原武彦
8月10日
ようやく
古巣の
百里原基地に
ふうっ
はあ〜っ
ひい〜っ

司令室に報告に行くと
広島はどんなだったか!?
と上官が身を乗り出して質問してきた
はい!
もう悲惨としか言い様がありません――
――それでその新型爆弾を防ぐには
どんな服がいいんだ?
さあ…
よくわかりませんがやはり白い服でしょうか…
と質問攻めにあいありのままを話すと上官も敗戦を覚悟した
はぁ~っ
もうこの戦いもダメか…
……
おまえらも少し英気を養え!
ありがとうございます!
上官から労いのお言葉を頂いて
気持ちいいっすね!
だな!
袋田《ふくろだ》温泉で一息ついた

江原少尉！大変ですっ！
えっ!?
天皇陛下の詔勅《しょうちょく》があられるそうですっ！
…堪え難きを堪え忍び難きを忍び以て万世の為に太平を開かんと欲す…
8月15日百里原で玉音放送を聞いて終戦を迎えた
まもなく米軍が上陸する！
特攻作戦に参加した者はどうされるかわからないから
すぐに姿を隠せっ！
はいっ!!
はいっ!!
私の父は東京に母と弟妹は高山に疎開していたのでまず父に会いに帰った
只今帰りました！
武彦っ!?
おまえよく生きてたなっ!!
ひ〜っ
お父さんっ!!

特攻兵だった私に
すでに戦死公報が入り
弔慰金も届いていた
嘗胆
あれ?
戦死公報
弔慰金
…でも
これが
あれば当面
生き延びられるな…
生きて
還ったんだから
その金を
すぐに返して
来いっ!
はいっ!
——と父にどやされて
海軍省にすぐに
返しに行った
特攻に参加したのに
生きて還れたことは
奇跡なのだ
私の幼なじみや
学友達はほとんど
還って来なかったのだから…
復員した私は
親の許しを得て
大学に戻った
卒業証書が
欲しかったら
やるぞ——
受付
——と言われたが
私はまだ
勉強したかった
なんせ
大学一年の時に
徴兵されたのだから

私は大学を卒業後
食品会社に入社し
定年まで勤めあげた
○○食品会社
その間
見合い結婚もし
心
二人の子宝にも恵まれた
月日は瞬く間に過ぎゆき
気がつくと私は
八十の翁になっていたが
一日たりとも
亡くなった戦友達のことを
忘れたことはなかった
自分だけぬくぬくと
生き残った負い目と
その苦悩は
想像を絶するもので
中には自殺する
者までいた——
生きることもまた
私は時間の許す限り
戦友達の慰霊に努めた
河野家の墓
黒島で大火傷を負った
柴崎も無事快復して
江原！
がしっ！
戦後数十年して
再会を果たした
柴崎！
柴崎とは
深い絆で結ばれて
一緒に黒島を訪れた
MLINE
何回も——
いつも
ゆき江婆が
快く出迎えて
くれた
よう来た

黒島からの帰路に柴崎が言った
そうだ！
黒島に特攻兵を慰霊するための観音像を建てないか！
おっいいね！
私も及ばずながら協力するよ！
――しかし柴崎は
志半ばで亡くなってしまった
私は彼の遺志を継いで平成16年の彼の法要で
遺族に観音像の設計図を見てもらった
――そして同年柴崎の遺志はついに実現した
ここ黒島に特攻兵のための観音像の建立に至ったのである
柴崎…
江原さん
少しインタビューいいですか？
KBC

※高い地位に居る者は果たすべき義務があるという考え方

——だから
特攻隊員って言うのは
基地を飛び立って
それで還って来なかった人が
真の特攻隊員だと思います
私のように
還って来た者が
特攻隊員と名乗るのは
ちょっと僭越《せんえつ》だと
思います——
慰霊祭を無事終えて
島を離れる朝のこと——
一〇二歳になった
ゆき江婆が私を
待ち構えていた
江原さんよ
ばばの
気持ちじゃ
なんと8歳の私に
ゆき江婆がお小遣いを
くれたのだ
困ります!
私はいい大人
なんだから!
いいんじゃ!
この島はな
昔と違うて
今は豊かに
なったけん
もらっとき!
ぎゅっ
さあ〜
私は困り
果ててしまった
あの戦時下も
今も変わらぬ
島民の温かさ
私は
その温かさに
触れるために
10000
毎年老骨に
鞭打って
この島を
訪れるのだ

「忘れられた島」黒島は私が蘇生した地であり
私にとって生涯「忘れえぬ島」なのである
多くの特攻兵達が落ちて来た黒島は
これからは彼等を慰霊する観音様がずっと見守って下さるだろう
私の戦友達はあまりにも若く短い生涯だった
彼等一人一人に親兄弟がいて想う人がいて
やりたいことが沢山あっただろう
しかし彼等の死は決して無駄ではないと思う
戦後何年経っても彼等の崇高な精神は日本人の誇りとなり指針になるであろう——

黒島の特攻花が
色あせることなく
毎年その美しい花を
咲かせるように——
第四話　特攻兵と黒島　終わり

特攻花あとがき

駆け出しの漫画家の私がなぜ「**特攻兵**」をテーマにした漫画を描こうと思い立ったのか――。それは歴史の奥深さに興味をそそられ、様々な歴史書を読むうちに、特に「**特攻兵**」に魅せられて、彼等があの時代に、いったい何を想いながら南の海へ飛び立って往ったのかを実話を基に描きたくなったからです。まずは元特攻兵の方々を取材したり、鹿児島県の知覧特攻平和会館を訪れたり、特攻兵が不時着した黒島の特攻平和慰霊祭にも参加して来ました。

あの大東亜戦争で闘った特攻兵達の生涯を調べれば調べるほど、私達はなんと幸せな時代に生まれたのかとつくづく実感します。

大東亜戦争における戦闘員の戦死者数は２３０万人、その内陸海軍合わせての特攻戦死者数は６４１８人と言われています。

戦後生まれの私達は、兎にも角にも、もっとあの戦争について関心を持って、正しい史実を知るべきだと思います。

私達の先人達が、あの時代何を考えて、誰を想って、何の為に闘ったのか——。

彼等は今もこの平和な沖縄の蒼い海の底で、胸焦がれた故郷に還ることもなく、何一つ文句を言うこともなく、静かに眠り続けているのです。

名もなき若い兵士達の驚異的な闘いがあったからこそ、今の平和があるということを決して忘れてはならないのです。

ですから、せめて彼等の生き様を今一度見つめ返して、語ることが彼等の供養になるのではないかと考え、出版に至りました。

本書を制作するにあたって、知覧特攻平和会館初代館長・故板津《いたつ》忠正《ただまさ》氏、元海軍特攻兵の江名《えな》武彦《たけひこ》氏、元海軍二等兵曹の太宰《だざい》信明《のぶあき》氏、「二度戦死した特攻兵　安部《あべ》正也《まさや》少尉」著者の福島昂《ふくしまたかし》氏には、沢山の情報提供をして頂き、心から感謝の意を捧げます。

磯　米

※第一話　蒼空めいっぱいは、中田芳子著「十四歳の夏　特攻隊員の最期の日々を見つめた私」（メディアパル）より一部参考にさせて頂きました。

第三話　特攻兵からの宅配便は、福島昂著「二度戦死した特攻兵　安部正也少尉」（学芸みらい社）より参考にさせて頂き、両氏には心からの感謝を申し上げます。

参考文献

・十四歳の夏　特攻隊員の最期の日々を見つめた私　中田芳子／メディア・パル
・二度戦死した特攻兵　安部正也少尉　福島昂／学芸みらい社
・償いは済んでいる　上坂冬子／講談社
・空のかなたに　出撃・知覧飛行場　特攻おばさんの回想　朝日新聞西部本社／葦書房
・特攻花　仲田千穂／ポプラ社
・知覧特別攻撃隊　松永薫編／ジャプラン
・特攻　最後のインタビュー　「特攻最後のインタビュー」制作委員会／ハート出版
・永遠の０　百田尚樹／講談社
・戦争論　小林よしのり／幻冬舎
・ゼロ戦88の真実／マイウエイ出版

本書収録の作品は、実話を基に構成・脚色したものですが、登場する団体・組織・人物等の名称は、実在するものと一切関係ありません。

作者紹介

作画　磯《いそ》　米《よね》

岩手県釜石市生まれ
女子美術短期大学　絵画科卒
ヘルパーの傍ら漫画を描く
「マチュピチュに行って来た!!」(いそっぷ社、2011年刊行)
趣味は和太鼓、水泳、プチ登山、旅行、読書(主に漫画)

編集　磯《いそ》　和義《かずよし》

東京都大田区生まれ
中央大学　商学部卒
ＣＡＤの仕事の傍ら編集業務を行う
趣味は和太鼓、ゴルフ、三味線、篠笛、登山、旅行、読書(主に近現代史)
連絡先　kyiso1950@yahoo.co.jp
ＵＲＬ　http://www.h7.dion.ne.jp/~kisoy264/
(磯家の人々でも検索出来ます)

特攻花《とっこうばな》　マンガで読む 特攻兵物語

GAKUGEI MIRAISHA

2016年9月1日　初版発行

作・画　磯《いそ》　米《よね》

発行者　青木誠一郎

発行所　株式会社 学芸みらい社

〒162-0833 東京都新宿区箪笥町31番 箪笥町SKビル

電話番号　03-5227-1266

http://www.gakugeimirai.jp/

E-mail : info@gakugeimirai.jp

印刷所・製本所　藤原印刷株式会社

外装デザイン　荒木香樹

編集　磯　和義

落丁・乱丁本は弊社宛お送りください。送料弊社負担でお取り替えいたします。

ISBN978-4-908637-19-3 C0079

JASRAC　出　1608318-601